MITOLOGÍA GRIEGA

DIOSES Y HÉROES DE LA ANTIGUA GRECIA UN VIAJE
PARA DESCUBRIR LOS MITOS Y LAS LEYENDAS ÉPICAS
DEL MUNDO ANTIGUO

HISTORIA MAGISTRA

Índice

INTRODUCCIÓN   V

COSMOGONÍA: EL ORIGEN DE TODO

   TEOGONÍA   3

   LA DIVINA GENEALOGÍA   5

   EL REINO DIVINO DE URANO   9

   EL REINO DIVINO DE KRONOS   11

   TITANOMAQUIA   15

   EL REINO DIVINO DE ZEUS   19

   GIGANTOMAQUIA   21

   ANTROPOGONÍA   23

OLIMPO: LOS DIOSES GRIEGOS

   ZEUS   29

   HERA   37

   HEFESTO   43

   ARES   49

   AFRODITA   53

   ATENEA   57

   POSEIDÓN   63

   ARTEMISA   69

APOLO   75

HADES   81

DIONISO   89

DEMÉTER   93

HESTIA   97

HERMES   101

LA ERA DE LOS DIOSES, LOS HOMBRES Y LOS HÉROES

LOS TOPOS LITERARIOS DEL HÉROE   107

EL HÉROE HERACLES   111

EL HÉROE TESEO   125

EL HÉROE PERSEO   133

LA EXPEDICIÓN DE JASÓN Y LOS ARGONAUTAS   139

ILÍADA   149

ODISEA   153

BIBLIOGRAFÍA   157

Acerca de Historia Magistra   158

INTRODUCCIÓN

La historia de la civilización griega está marcada por varias fases, cada una de ellas caracterizada por profundas influencias culturales, empezando por las civilizaciones minoica y micénica, pasando por la dominación romana y la época bizantina, y terminando en la actualidad. Como es ampliamente reconocido por la comunidad histórica internacional, una de las épocas que más marcó el desarrollo de toda la cultura occidental es la Antigua Grecia, que se desarrolló durante el periodo comprendido entre el año 1000 a.C. y el 323 a.C.

Hagamos ahora un viaje al pasado para llegar a los orígenes de esta gran civilización.

Nos encontramos en Creta, donde, durante la Edad de Bronce, en torno al 2700 a.C., comenzó a desarrollarse considerablemente un pueblo que pronto se convirtió en un referente desde el punto de vista mercantil, artístico y militar: hablamos de la civilización minoica, que tomó su nombre del rey Minos. Entre los numerosos hallazgos del periodo minoico, destaca el majestuoso palacio de Cnosos, que fue el principal centro económico, político y religioso de la isla.

Unos siglos más tarde, en torno al 1600 a.C., la civilización micénica, que toma el nombre de la ciudad de Micenas, arraiga en la Grecia continental. La recordamos, sobre todo, por las grandes hazañas de Aquiles, la bella Helena y Agamenón, el rey de Micenas y Argos. No es casualidad que Homero decidiera ambientar la Ilíada durante este periodo.

Tras su colapso, la civilización micénica desapareció y Grecia entró en un periodo oscuro, denominado por algunos historiadores como la Edad Media Helénica, que terminó con el surgimiento de las primeras ciudades-estado griegas en torno al año 800 a.C.

El pueblo griego invirtió muchos recursos en la construcción de obras públicas y monumentos como el teatro de Epidauro, el templo de Delfos y la Acrópolis, que se convirtió en el símbolo de Atenas. Una de las principales innovaciones de ese periodo se refiere a la política: como ya se ha dicho, se crearon las ciudades-estado griegas, las *póleis*, es decir, unidades políticas autónomas que, sin embargo, fueron rivalizando cada vez más con el paso del tiempo.

El príncipe de Macedonia, Alejandro Magno, cansado de los constantes conflictos, sometió a todas las *polis* y consiguió unificar Grecia bajo su mando. Avanzó hacia el este, conquistando los territorios de Anatolia ocupados por el Imperio Persa hasta llegar a las fronteras del mundo entonces conocido, conquistando ciudades como Babilonia, Persépolis y Susa. Con la muerte de Alejandro Magno, en el año 323 a.C., se inicia la época helenística, caracterizada por la unión de las culturas asiática y griega.

Durante esta fase, Grecia perdió mucha importancia, pero logró muchos avances en la ciencia, el arte y la filosofía.

Una vez perdido el poderío militar del reino macedonio tras la destrucción de Corinto en el año 146 a.C., Grecia fue conquistada por los romanos. Gracias a la fascinación de Roma por la cultura helenística, Grecia pronto se convirtió en una provincia clave del Imperio y su repertorio literario, artístico y cultural fue cuidadosamente transmitido hasta nuestros días.

Tras la caída del Imperio Romano de Occidente, Grecia perdió importancia ante el auge del Imperio Romano de Oriente: nos encontramos en la época bizantina, una época en la que Hellas se convirtió cada vez más en una provincia periférica y Constantinopla, la actual Estambul, asumió el papel de capital del Imperio. De gran renombre son los fascinantes frescos bizantinos, creados durante este periodo por pintores de toda Italia.

La última fase antes de los tiempos modernos fue la de los períodos veneciano y otomano, dos pueblos que se disputaron Grecia tras la caída del Imperio bizantino. En Creta, todavía podemos ver las influencias arquitectónicas venecianas mezcladas con las otomanas. Tras la caída de Venecia, Grecia quedó bajo el opresivo dominio otomano desde 1797, que prohibió la difusión de la cultura y la lengua griegas en favor de la tradición musulmana.

A pesar de los intentos de opresión, el pueblo griego consiguió rebelarse y salvar su cultura. En 1829, los griegos consiguieron la independencia con la ayuda de las grandes potencias europeas, pero aún hoy el país sigue en una situación económica y política inestable y en constante búsqueda de equilibrio.

Además de la historia de Grecia, podemos hablar de las costumbres del pueblo: como sabemos, los griegos eran politeístas y adoraban a los dioses del Olimpo, una montaña de 3.000 metros situada en la frontera con Macedonia. Entre las deidades más famosas están Zeus, padre de todos los dioses y hombres, su esposa Hera, protectora de las mujeres, Atenea, diosa del conocimiento, Afrodita, diosa de la belleza, Poseidón, dios del mar y hermano de Zeus, y Hades, dios del inframundo y otro hermano de Zeus.

Los griegos eran tan devotos de los dioses que les dedicaban enormes templos, considerados *la casa del Dios*: cada deidad tenía su propio templo, con una gran estatua en su interior que representaba al Dios, y el culto se realizaba en un altar fuera del edificio. En todas las casas griegas había también un altar para la oración familiar.

Desde los primeros tiempos, el hombre ha sentido la necesidad de cuestionar el origen del universo, el nacimiento de la humanidad y las causas de los fenómenos naturales que a menudo no sólo acompañaban, sino que perturbaban su vida. Al no disponer aún de las herramientas adecuadas para desarrollar el pensamiento filosófico y científico, el hombre se apoyó en la fantasía, personificando y divinizando las fuerzas del bien y del mal por las que se sentía rodeado. Precisamente así, las historias que antaño se creían verdaderas y sagradas han llegado hasta nosotros a través de diversas formas literarias y artísticas: bajorrelieves, pinturas, esculturas, himnos, poemas.

Estos relatos, que narran los orígenes del universo, de los dioses y de los hombres, tienen como protagonistas a seres sobrenaturales y se denominan mitos, de *mýthos*, que en griego significaba *la palabra solemne de un Dios*. Por tanto, el *mýthos* no es un relato completamente inverosímil como podría parecer a nuestros ojos, demasiado acostumbrados a vivir en un mundo dominado por la ciencia y el pensamiento racional, sino que contiene su propia verdad. El mito no corresponde a un texto preciso, ni siquiera a un género literario específico: es un conjunto de contenidos que forman una trama ampliamente dibujada, compuesta por personajes y acontecimientos fijos que cambian de versión de generación en generación. De hecho, en su día se transmitieron oralmente a través de la narración de los *aedi*. En la antigua Grecia, *el aedi* era un auténtico narrador profesional, tradicionalmente representado como ciego ya que hablaba con "los ojos del alma", se le consideraba casi igual a un profeta en contacto directo con las Musas, que hablaban a través de su persona. Tras esta fase inicial de transmisión oral de los textos, los mitos comenzaron a escribirse gracias a la labor de poetas y escritores que empezaron a transcribir las diferentes historias en una narración organizada y continua.

Hasta el final del mundo antiguo, la mitología griega representaba el fundamento tanto de la religión, en el caso de los *mitos etiológicos* que explicaban el origen de un ritual o de un pueblo, como de la historia, que incluso podía reconstruirse precisamente a través de los mitos, en el caso de los *mitos históricos*.

A pesar de haber perdido su carácter sagrado, los mitos siguen ejerciendo una increíble fascinación gracias a los acontecimientos sobrehumanos, las metamorfosis y las batallas épicas que narran. Por lo tanto, merece la pena entrar en contacto con ellos, tanto por una necesidad cultural como porque las antiguas historias mitológicas pueden fascinar a las nuevas generaciones de una manera única.

COSMOGONÍA: EL ORIGEN DE TODO

TEOGONÍA

En el principio, Eurinome, diosa de todas las cosas, surgió desnuda del Caos y, al no encontrar nada sólido en lo que apoyar sus pies, separó el cielo del mar y tejió una danza sobre las olas. Bailando, se dirigió hacia el sur, acompañada por un viento que giraba tras ella; movida por el deseo de dar lugar a la creación, se giró de repente para atrapar este viento y, frotándolo en sus manos, se convirtió en la serpiente Ophion, que envolvió a la diosa en sus bobinas y la impregnó. Eurinome, habiendo asumido la forma de una paloma, puso el huevo universal a su debido tiempo. Una vez puesto el huevo, Ophion, por orden de la diosa, se enroscó siete veces alrededor de él hasta que eclosionó y salieron todas las cosas existentes: el Sol, la Luna, las estrellas, los planetas, la Tierra, los árboles y todos los seres vivos. Después, Eurinome y Ophion fueron al Monte Olimpo, pero cuando la gran serpiente se jactó de ser la creadora de todas las cosas, la diosa lo encerró en la mazmorra, golpeando su cabeza y rompiendo todos sus dientes. Posteriormente, Kronos y Rea los derrotaron, los desterraron al fondo del océano y ocuparon su lugar.

La mitología griega encontró su plaza en la Teogonía, el nacimiento de los dioses, obra narrada por el poeta griego Hesíodo, que seleccionó y dio un orden lógico y cronológico al material tradicional que tenía a su disposición. La Teogonía trata de la transición del Caos al Cosmos, del nacimiento de los dioses y de los hombres: *"en el principio sólo estaba el Caos"*, escribe Hesíodo, luego vienen Gea (la Madre Tierra), Urano (el Cielo), la Noche y el Día.

Así, el Caos comienza a tener un orden, pero antes de que se logre el equilibrio cósmico, deben sucederse tres generaciones que apartarán violentamente a la anterior, justificando el acto de fuerza por una fechoría del padre: se trata de las generaciones de Urano, Kronos y Zeus. Tras triunfar sobre Kronos, los Gigantes y los Titanes, Zeus será el único capaz de crear una verdadera sociedad divina, sobre la que gobernará con justicia y neutralidad.

LA DIVINA GENEALOGÍA

Las tres fuerzas primordiales que aparecen en el principio de los tiempos son Caos, Gea y Eros. El caos, que acabamos de encontrar en el mito de la creación pelasga, es un concepto complejo de definir: es un enorme abismo que ocupa todo el espacio primordial, un no-lugar donde todo no tiene aún una forma bien definida y donde las posibilidades son infinitas. Gea es la Madre Tierra y Eros es el impulso generador que impulsa el apareamiento: un impulso primordial necesario para que comience la procreación.

Tanto Caos como Gea perciben este impulso y, por tanto, comienzan a procrear de forma independiente.

El Caos genera la oscuridad en las figuras de las tinieblas y la noche que, a su vez, generan el éter y el día: un concepto maravilloso el de la oscuridad que da origen a la luz. La noche, a su vez, dará lugar a una serie de entidades como el destino, la muerte, los sueños, el sueño, las tres Moyres (Klotos, Lachesi, Atrope), las ninfas Hespérides, las llamadas "Ninfas del Atardecer", el engaño, la vejez y las luchas. Esta última, a su vez, genera una serie de entidades negativas, como la pena, el hambre, el dolor, las guerras, los asesinatos, las masacres, las disputas y el discurso ambiguo, el error y el desgobierno.

Los hijos engendrados por la buena Gea, en cambio, son el cielo, las montañas y el mar; con este último dará a luz a Nereo, a Taumanto, que según algunos fue el padre de las Arpías, a Forco, personificación del mar tormentoso, a Ceto, que representa los peligros que acechan en el mar tormentoso, y a Euribia, personificación de la violencia del mar. Sin embargo, el compañero más importante de Gea será Urano (el cielo) con el que tendrá más de cuarenta y cinco hijos, entre ellos los doce Titanes, seis varones (Océano, Quirón, Cœo, Hiperión, Kronos y Jápeto) y seis mujeres (Tea, Temis, Tetis, Phoebe, Mnemosyne y Rhea), los tres Hecatonchires o Cien Manos, monstruos con cincuenta cabezas y cien brazos llamados Briareus, Cotus y Gia, y los tres Cíclopes Arge, Bronte y Sterope, caracterizados por un solo ojo en medio de la frente.

Urano y Gea también gobernarán juntos la creación durante el *reinado de Urano*, que veremos en breve.

Tras la marcha de Urano, los hijos de Gea pudieron obtener el espacio vital para vivir y procrear entre ellos. La pareja principal está formada por los dos titanes Kronos y Rea, que dieron a luz a los dioses que llamamos olímpicos: Hestia, Deméter, Hera, Hades, Poseidón y Zeus.

Aunque Zeus era el esposo de Hera, con la que tuvo cinco hijos (Ares, Hefesto, Hebe, Ilithyia y Eris), dará a luz a la diosa Atenea de su cabeza y entrelazará relaciones amorosas y casuales con varios mortales y dioses. Entre estas relaciones extramatrimoniales, tres amantes serán las más estables, si se puede decir así: Maia, con la que dará a luz a Hermes, Leto que dará a luz a los gemelos Apolo y Artemisa y, finalmente, Sémele que dará a luz a Dioniso. Otras dos figuras muy importantes son las compañeras de Zeus antes de su esposa Hera, las titánides Temis y Mnemosyne; la primera, Temis, es la Ley y sirve a Zeus para establecer las leyes fundamentales que regularán el cosmos, mientras que Mnemosyne es la Memoria que dará a luz a las nueve musas, las diosas que presiden las artes. La memoria, de hecho, es fundamental para cualquier tipo de arte, pero, especialmente para los antiguos, la memoria entendida como recuerdo del pasado, de las tradiciones y de la historia, era casi siempre el objeto del arte.

Poseidón, a pesar de sus muchas amantes, se casó con Anfítrite, la más bella de las nereidas, y con ella tuvo cuatro hijos: Tritón, Roda, Bentesicima y Cymopolea.

Hades, tras raptar a su nieta Perséfone (hija de Deméter) y hacerla reina del inframundo, no tuvo ningún hijo.

Por último, Estia era la diosa virgen del hogar y la casa: por lo tanto, tampoco tenía hijos.

Los dos titanes del mar, Océano y Tetis, dieron a luz a tres mil ríos y a tres mil ninfas del océano, entre ellas Climene, Doris y Electra. Estas tres últimas se aparearon respectivamente con Jápeto, dando a luz a Atlas, Menecio, Prometeo y Epimeteo, con Nereo, dando a luz a las cincuenta ninfas nereidas, y con Thaumanthes, dando a luz a las Arpías y a Iris (el arco iris). Océano, pues, era una deidad fluvial, pero Hesíodo quiso distinguir las aguas fluviales de las saladas, introduciendo a Ponto, una deidad raramente mencionada, para estas últimas. De hecho, sólo figura en las genealogías de la Teogonía y la Cosmogonía, pero no aparece en ninguna leyenda.

Por último, de la unión de Febe y Cæo nacieron las Graeas, dos divinidades que ya parecen viejas a pesar de que acaban de nacer, y las Gorgonas Stenno, Euríale y la famosa Medusa.

EL REINO DIVINO DE URANO

Urano, asqueado por el aspecto monstruoso de sus hijos y obsesionado por la idea de que, algún día, podrían privarle del dominio del universo, decidió sumergirlos en el vientre de Gea, sin dejarlos salir a la luz. Entristecida y enfadada por el destino que su marido había reservado a sus hijos, Gea decidió urdir una astuta y cruel trampa.

Manteniendo a Urano en la oscuridad, la diosa hizo una guadaña con el hierro extraído de sus entrañas y se dirigió a sus hijos: "Oh, hijos míos y de un padre malvado, ¿no castigaréis a vuestro padre por su mala acción?". De todos, sólo el titán Kronos se armó de valor y decidió seguir la petición de su madre: "Madre, te prometo que lo haré". No me importa nuestro padre; ¡él fue el primero en idear una acción malvada!". Armado con una guadaña, se escondía en la Tierra, esperando la llegada de Urano, que, inflamado de amor, solía descender del cielo por la noche para reunirse con su novia, oculta por la oscuridad. En el momento en que su padre apareció ante él, Kronos saltó y lo inmovilizó sin ayuda, logrando evadirlo con su enorme hoz.

La sangre que brotó copiosamente de la herida íntima de Urano dio origen a las Erinyes, deidades infernales llamadas Aletto,

Tisifón y Megera, a los Gigantes, símbolo de la fuerza bruta y de la violencia destructora de la naturaleza, a las Meliadas o ninfas de la ceniza, protectoras de los rebaños, y a Afrodita, la diosa del amor que, sin embargo, no nació directamente de la sangre, sino del miembro arrojado al mar -pero esta historia la desarrollaremos más adelante.

Tras la emasculación, los cielos no volvieron a acercarse a la tierra para el coito nocturno y, por tanto, cesó la procreación primordial, dando lugar al *reinado de Kronos*.

EL REINO DIVINO DE KRONOS

Una vez destronado su padre Urano, el titán Kronos consiguió hacerse con el trono y reinar sobre la creación, iniciando el *Reino de Kronos*. El primer acto que realizó fue liberar a sus hermanos del cautiverio que su padre les había reservado, excepto a los Cíclopes y a los Hecatónquiros que fueron encerrados en el Tártaro, ya que dudaba de su lealtad hacia él, un error que le costaría caro. El Tártaro, como relata Hesíodo en la Teogonía, es un abismo oscuro situado en las profundidades de la Tierra, en el mismo borde del mundo, *donde la noche y el día, acercándose, hablan entre sí.*

Kronos no sólo temía a sus hermanos, sino también a sus propios hijos: de hecho, dio a luz a los dioses del Olimpo que también conocemos junto a su hermana Rea, pero su tranquilidad se vio desafiada por una profecía, según la cual su reinado llegaría a su fin a manos de uno de sus hijos. Aterrorizado, intentó por todos los medios engañar al destino tragándose a sus vástagos uno a uno nada más nacer, manteniéndolos prisioneros en su interior. Al fin y al cabo, Kronos es el tiempo y el hecho de que devore a sus propios hijos es una forma de decir que *come generaciones* y, metafóricamente hablando, nunca ha dejado de hacerlo, ya que nosotros mismos somos sus hijos. Lo único que Kronos no puede comer es la memoria: por eso para los pueblos antiguos, pero sobre todo para los griegos, es muy importante encontrar la forma de preservar la memoria a través de las artes o las obras que salvan los nombres de las personas de las fauces del tiempo.

Tras llevarlos en su vientre y parirlos con dolor, su esposa Rea estaba cansada y desesperada por ver a sus hijos engullidos por Kronos; por ello, cuando la Titánide estaba a punto de dar a luz a su último hijo, decidió poner en práctica una estratagema que le sugirieron sus padres. Al nacer Zeus, el último hijo, Rea no se lo llevó a Kronos, sino que lo sustituyó por una roca envuelta en los pañales del bebé. El engaño funcionó porque Kronos se limitó a tragarse a sus hijos, sin hacerlos pedazos, por lo que cuando llegó el momento no notó la diferencia.

Mientras tanto, Zeus fue confiado a su abuela Gea, que lo llevó lejos, a la isla de Creta, y lo escondió en las profundidades de una cueva. Para evitar que los lamentos del bebé fueran escuchados por su padre, ella misma creó unos guerreros en armas, los Curetes, cuyo trabajo consistía en bailar y golpear sus lanzas contra sus escudos, haciendo un tremendo ruido que ahogaba los ruidos del bebé. Así, Zeus pudo crecer a salvo gracias a los cuidados de las ninfas Melisa y Adrastea y de la cabra Amaltea, que lo amamantó; cuando la cabra se estrelló un día contra un árbol, rompió un cuerno que fue cubierto de frutos y hierbas por una ninfa, y luego entregado a Zeus. La abeja Panacrides también alimentaba al pequeño dios llevándole miel, mientras que un águila le suministraba diariamente el néctar de la inmortalidad. Una vez adulto, estaría listo para cumplir con su deber: destronar a su padre, tal como éste había hecho con su abuelo.

A diferencia de su padre, que había llevado a cabo la hazaña en solitario, Zeus tuvo éxito en la empresa con la ayuda de sus hermanos. Para liberarlos del vientre de su padre, una de las ninfas oceánicas más sabias y una de las futuras compañeras de Zeus, Metis, dio un sabio consejo al dios, sugiriéndole que se presentara ante Kronos como copero, es decir, como sirviente que servía vino, para que mezclara la bebida con una droga emética que le hiciera devolver todos los hijos que había tragado. Y así lo hizo: primero Kronos rechazó la piedra que se había tragado en lugar de Zeus, luego Poseidón, Hades, Hera, Deméter y, finalmente, Hestia. Por fin, la nueva generación divina vio la luz, pero pronto estalló una nueva guerra: la Titanomaquia.

TITANOMAQUIA

Como Kronos y sus hermanos no tenían intención de ser destituidos, en cuanto la nueva generación divina vio la luz, estalló una guerra entre los Titanes y los dioses del Olimpo. Esta batalla se llama Titanomaquia, o *guerra contra los Titanes*, y duró más de diez años.

Zeus, acompañado de sus hermanos y hermanas, se encaramó en lo alto del monte Olimpo, al norte de Tesalia, y anunció que quien luchara a su lado contra Kronos y los Titanes mantendría los honores de los que ya disfrutaba, mientras que quien se encontrara sin privilegios a manos de Kronos recibiría esos honores de él.

En ese momento, los inmortales se dividieron en dos facciones: los que apoyaban a Kronos y los que apoyaban a Zeus. Del lado de esta última también se encontraban los hijos de la diosa del río Estigia, la última hija de Océano. Eran Krátos, el poder, y Bia, la fuerza: desde ese día, los dos se convirtieron en los fieles guardaespaldas de Zeus.

Kronos se alió con sus hermanos Crío, Cœo, Hiperión y Jápeto en el monte Otri, al sur de Tesalia. Sólo Oceanus permaneció neutral al borde del mundo, en su asiento. La táctica de los Titanes se basaba en la violencia y la fuerza bruta, pero el hijo de Jápeto, Prometeo, cuyo nombre significa el que *reflexiona primero*, intentó razonar con ellos, recordándoles que Gea había decretado la victoria del más astuto y no del más fuerte. Los Titanes decidieron ignorar el consejo y entonces Prometeo se pasó al bando de Zeus.

Como ya se ha dicho, las dos generaciones divinas se enfrentaron en tremendas batallas durante más de diez años: aparentemente, no parecía haber solución ni final. Los enfrentamientos no aportaron ninguna ventaja a ninguno de los dos bandos, y la conclusión de la guerra fue incierta y lejana hasta que el oráculo de la Madre Tierra predijo la victoria a Zeus, siempre que tomara como aliados a los que habían sido encarcelados en el Tártaro por Kronos.

De hecho, los cíclopes y los hecatónquiros albergaban un odio visceral hacia Kronos, y no les resultaba difícil elegir con qué generación divina ponerse. Los gigantes tuertos estaban tan agradecidos al dios que los había liberado, que hicieron el rayo para Zeus, el tridente para Poseidón y el casco que hace invisible para Hades.

Tras ser conducidos al Olimpo, los cíclopes y los hecatónquiros fueron alimentados con la comida que consumían los dioses: el néctar de los dioses y la ambrosía, dos alimentos que infundían a sus espíritus valor y coraje. En ese momento, Zeus se dirigió a ellos: "Escuchadme, espléndidos hijos de Gea y Urano, para que pueda decir lo que mi corazón me impulsa. Durante mucho tiempo los Titanes y nosotros, hijos de Kronos, hemos luchado a diario por el dominio del cosmos. Y tú, que has salido a la luz por mi voluntad, después de haber sufrido en la oscuridad durante tanto tiempo, puedes mostrar ahora de qué fuerza son capaces tus brazos. "

En nombre de los hermanos, Cotto respondió: "Señor, no nos cuentes hechos desconocidos: nosotros también conocemos la sabiduría y la inteligencia que hay en ti. Sabemos que salvaste a todos tus hermanos y hermanas de la furia devoradora de Kronos, y sabemos que fuimos liberados de la oscuridad por tu elección. Por lo tanto, lucharemos a tu lado contra los Titanes, apoyando tu poder en la batalla". Todos los dioses alabaron el discurso de Cotto y todas las almas anhelaron volver pronto a la batalla.

Y así la batalla se reanudó con una ferocidad sin precedentes: por un lado estaban los Titanes y por el otro todos los hijos de Kronos y sus aliados. Los poderosos Hecatónquiros se alinearon frente al enemigo y, haciendo girar sus cien brazos, comenzaron a lanzarles enormes rocas; en el otro lado, los Titanes reforzaron sus filas y mostraron de qué fuerza y violencia eran capaces.

La batalla fue tan tremenda que el mar infinito resonó, la tierra retumbó bajo los pies, e incluso el cielo ilimitado gimió. El propio Olimpo tembló bajo el asalto de los Titanes, y los temblores de ese tumulto llegaron incluso al Tártaro. Zeus ya no pudo contener su furia y entonces, con el corazón lleno de ira, manifestó toda su furia blandiendo en sus manos los rayos forjados por los cíclopes. Una lluvia de rayos cayó del cielo, haciendo retumbar la tierra, incendiando los bosques y haciendo hervir los arroyos de agua. Aquel rugido parecía como si los cielos estuvieran a punto de estrellarse contra la tierra, o como si la tierra se elevara para estrellarse contra los cielos: como si Urano y Gaia estuvieran a punto de unirse una vez más en su abrazo.

Finalmente la batalla llegó a su fin. Cegados por el rayo, aplastados por las rocas y arrastrados por los vientos de fuego, los Titanes fueron aplastados y arrastrados bajo tierra, a un lugar tan alejado de la superficie terrestre que un yunque de bronce lanzado desde el cielo tardaría nueve días y nueve noches en tocar esa tierra. Hablamos del Tártaro, un lugar oscuro al borde del cosmos que incluso los dioses odiaban. Los Titanes estaban encerrados en ese mismo lugar, rodeados por una muralla de bronce a la que el propio Poseidón había impuesto puertas imposibles de cruzar.

Algunos dicen que Kronos fue exiliado al lejano oeste, a las Islas de los Bienaventurados, también conocidas como las Islas Afortunadas, donde se producían abundantes frutos tres veces al año y donde el titán, flanqueado por su esposa Rea, reinaba sobre el linaje heroico de la Edad de Bronce. Otros dicen que Kronos fue exiliado a Ogigia, donde yace dormido dentro de una roca dorada. En ese remoto lugar, está encadenado por el sueño, la única cadena que Zeus le impuso.

En cuanto a la piedra rechazada por Kronos, Zeus decidió colocarla en los valles bajo el Parnaso como una señal para el futuro, un milagro para los mortales. Ese lugar, de hecho, era el centro del mundo: dos águilas que habían partido de los extremos del cosmos, se dirigieron hacia su centro y se encontraron allí, donde debía construirse el santuario de Delfos. La piedra fue admirada durante siglos como el *ombligo del mundo*. En sus costados estaban las dos águilas doradas, en recuerdo de la hazaña de las aves de rapiña.

Una vez ganada la Titanomaquia, la nueva generación divina tuvo que repartirse el reino: a diferencia de Kronos, que lo había hecho solo, esta vez todos los dioses participaron en la guerra. Para resolver el problema, los tres hijos de Kronos, es decir, Zeus, Poseidón y Hades, definieron tres esferas de influencia: el mundo de la superficie que comprende el cielo y la tierra, el mar y el inframundo. Un sorteo confió a Zeus el poder sobre el cielo y la tierra, a Poseidón el poder sobre el mar y a Hades el poder sobre el inframundo. Llegados a este punto, se han sentado las bases para la construcción de un nuevo mundo, y ahora Zeus tendrá que comenzar la larga tarea de definir las leyes que regirán el mundo al que ha sido destinado.

EL REINO DIVINO DE ZEUS

Tras la derrota de su padre Kronos y después de haber exiliado a todos los Titanes a las profundidades del Tártaro, el periodo de serenidad que le esperaba a Zeus fue minado por Tifón, un enemigo azuzado por Gea, la Madre Tierra.

En efecto, la abuela de Zeus, para vengarse de su nieto, que había sumido a todos sus hijos en ese oscuro lugar del confín del mundo, se dirigió a Cilicia con el más poderoso y horrible de sus hijos, Tifón, al que había engendrado por unión con el propio Tártaro. Tifón tenía el torso cubierto de plumas, de sus piernas brotaban víboras, la apertura de sus brazos podía hacer que el Este y el Oeste se tocaran y, para completar el cuadro, de su cuello brotaban cien cabezas de dragón en llamas.

El hijo de Gea, hecho aún más temible por la ira que lo animaba, ascendió al Olimpo para enfrentarse a los dioses; éstos, vencidos por el miedo, se convirtieron en animales (Artemisa en gato, Apolo en cuervo, Afrodita en pez, etc.) y huyeron a Egipto, dejando solo a Zeus. La lucha fue larga: Zeus no perdió el tiempo y comenzó a lanzar sus rayos y a golpear a Tifón con su guadaña mientras el enemigo se acercaba. El monstruo parecía vencido, pero en el momento en que Zeus iba a lanzar el golpe fatal, Tifón lo agarró por las piernas, inmovilizándolo. Manteniéndolo quieto, consiguió arrancarle la guadaña de las manos y le cortó los tendones de las manos y los pies.

En ese momento, Zeus fue derrotado. Tifón decidió esconderlo en una cueva de Cilicia y confió sus tendones a la dragona Delfina, un ser mitad doncella y mitad serpiente. Ese habría sido el destino de Zeus si su hijo Hermes no hubiera decidido contraatacar: robó la bolsa de piel de oso donde se guardaban los tendones de su padre y lo liberó, haciéndolo fuerte de nuevo.

Zeus volvió a luchar contra Tifón y comenzó un duro combate que vio a este último victorioso, encarcelado bajo el monte Etna, donde aún yace, y donde las erupciones del volcán no son más que las llamas lanzadas por Tifón por la rabia de haber perdido la guerra contra Zeus.

A estas alturas, la paz y la prosperidad reinaban en el Olimpo y, por tanto, los dioses volvían a su morada. Sin embargo, una nueva amenaza se vislumbraba en el horizonte: Gea, ansiosa de venganza, seguía conspirando contra Zeus. Ella, de hecho, fue a la morada de los Gigantes para hacer la guerra de nuevo contra Zeus.

GIGANTOMAQUIA

De la emasculación de Urano surgieron varias criaturas, entre ellas los Gigantes, símbolo de la fuerza bruta y similares en apariencia a los Titanes pero, en realidad, híbridos entre lo humano y lo divino. Los Gigantes estaban vinculados a la profecía de que ningún inmortal sería capaz de derrotarlos.

La furia de los Gigantes era comparable a la de los Hecatónquiros pero, a diferencia de éstos, no empleaban su fuerza al servicio de los dioses: pretendían *dominar el mundo*, contando con la prodigiosa fuerza capaz de doblegar la tranquilidad deseada por Zeus. Deseosos de derrocar a Zeus y vengar a sus hermanos Titanes, fortalecidos también por la profecía, los Gigantes, liderados por Porfirio y Alcioneo, se dirigieron al Olimpo e iniciaron lo que los historiadores llamaron la Gigantomaquia.

Esta profecía, sin embargo, también era conocida por Zeus, que decidió incluir en la lucha a su hijo Heracles (también conocido como Hércules), un semidiós engendrado con la mortal Alcmena. Gracias a él, los feroces Gigantes fueron derrotados y Zeus pudo volver a reinar desde las alturas del Olimpo.

PROMETEO

ANTROPOGONÍA

Según muchos relatos, el hombre primordial surgió directamente de la tierra al igual que los dioses. Se dice que, tras su nacimiento, Eaco, hijo de Zeus y Egina, se encontró solo en su isla natal y, así, su padre transformó a las hormigas de esa tierra en hombres y mujeres, dándole los mirmidones, el primer pueblo constructor de barcos.

Los primeros seres masculinos compartían uno de los rasgos de Kronos, el hijo de Gea con el que se originó la historia del linaje de los dioses: la astucia. Se dice que el primer hombre, Alalcomeneo, dio un astuto consejo a Zeus, según el cual el rey de los dioses logró reconquistar a Hera, que se había alejado de él -desarrollaremos este relato más adelante-.

Cuentan las antiguas leyendas que el hijo del titán Jápeto y de la oceánica Clímene, Prometeo, cuyo nombre significa *el que es capaz de prever*, vivía con su hermano Epimeteo, el que *entiende tarde*. Ambos formaban parte del linaje de los Gigantes que se habían atrevido a desafiar a Zeus durante la Gigantomaquia, pero Prometeo fue el único que participó en la lucha en nombre de los dioses del Olimpo. Como recompensa a su lealtad, había obtenido el permiso para entrar en el Olimpo y en el palacio divino aunque, en el fondo, sus sentimientos hacia Zeus no eran amistosos debido al destino que había destinado a sus hermanos.

En aquella época, los hombres celebraban reuniones públicas y banquetes con los dioses y fue durante una de estas reuniones cuando se llevó a la mesa un enorme buey que debía ser repartido entre Zeus y los hombres. A Prometeo se le encomendó la tarea de dividir al animal y, así, aprovechó la oportunidad para vengarse de Zeus. Prometeo, en efecto, dividió el gran buey en dos partes y pensó bien en ocultar la tierna carne bajo una gruesa capa de piel en una parte y en la otra, en cambio, trituró los huesos y la grasa que cubrió con una fina capa de piel, haciéndola más apetitosa sólo en apariencia. Entonces el padre de los dioses y de los hombres le dijo: "¡Hijo de Jápeto, qué partes tan desiguales has hecho!" Y Prometeo, lleno de sabiduría eterna, le contestó, consciente del engaño: "Zeus, el más grande entre los dioses eternos, elige tú la parte que te agrade.

Zeus agarró con ambas manos la parte blanca, la gorda, y su corazón se llenó de una ira desmedida al ver los huesecillos hábilmente ocultos, ya que entonces los hombres sólo queman los huesos blancos cuando ofrecen un sacrificio a los dioses. Al darse cuenta del engaño, el dios desató su ira sobre los hombres privándoles del fuego y devolviendo el elemento al Olimpo. Mientras tanto, Prometeo, considerando injusto el castigo, robó el fuego para devolverlo a los hombres, escondiéndolo en una caña. Su subterfugio, sin embargo, no pasó desapercibido para Zeus, que se dio cuenta del escollo y decidió castigarlo: el padre de los dioses ordenó a Hermes y a Hefesto que clavaran a Prometeo en un acantilado del Cáucaso, para que un águila royera su hígado con su afilado pico durante el día y por toda la eternidad, ya que, durante la noche, el órgano se regeneraba por arte de magia. Treinta años después, Prometeo fue liberado por Heracles que, con una flecha, mató al águila y liberó al gigante, al que se le permitió volver al Olimpo, pero esto lo veremos más adelante en el libro.

No contento con el castigo infligido a Prometeo, Zeus decidió castigar a toda la raza humana. La figura femenina aún no había sido creada, por lo que el padre de los dioses ordenó a Hefesto que moldeara una imagen humana con agua y arcilla. Hefesto fue tan bueno modelándola que la mujer se convirtió en superior a todas las alabanzas y todos los dioses se encargaron de otorgarle regalos: Atenea le dio ropas blancas, flores y una corona de oro, mientras que Hermes, menos bueno con ella, puso malos pensamientos en su corazón y discursos encantadores pero, al mismo tiempo, engañosos en las curvas de sus labios.

El nombre que se le dio a la mujer fue Pandora, del griego *pan doron* que significa *todo don*, lo que puede interpretarse como "rica en todos los dones". El regalo de Zeus fue superior a todos los demás, pues le ofreció un jarrón que contenía todos los males aún desconocidos por la humanidad: los celos, la vejez, la locura, la enfermedad, el vicio, la pasión, el hambre, etc. La única instrucción que le dio fue no abrir el jarrón bajo ninguna circunstancia. Además del regalo, Zeus se la confió a Hermes para que se la llevara como regalo a Epimeteo, que se enamoró perdidamente de ella y se casó con ella, desoyendo las recomendaciones de su hermano Prometeo, que le dijo que no aceptara ningún regalo de los dioses.

Así fue como Zeus castigó a toda la humanidad: Pandora, presa de la curiosidad, abrió la vasija y de ella corrieron rápidamente a la tierra todos los castigos que Zeus había colocado en ella, como la muerte, la enfermedad, el dolor y todos los demás hasta ahora desconocidos. El único bien que el padre de los dioses había escondido en el jarrón estaba encajado bajo la tapa y era Elpis, el espíritu de la esperanza.

OLIMPO: LOS DIOSES GRIEGOS

ZEUS

ZEUS

Zeus, como mencionamos en la primera parte, es el último de los seis hijos de Kronos, señor de los Titanes; él, ayudado por varios aliados y por el rayo, una poderosa arma que los Cíclopes le habían forjado para agradecerle haberlos liberado del Tártaro, logró desbancar a su padre. Tras la Titanomaquia y la Gigantomaquia, Zeus se convirtió en el Señor de los dioses, los cielos y el universo griego.

La representación de Zeus es la clásica de un hombre enorme, alto, apuesto, fuerte y poderoso, serio, con pelo y barba largos; es el más poderoso de los hermanos y se le suele representar sentado en el trono, sosteniendo su rayo. Los animales sagrados para Zeus son el águila, metáfora de su dominio sobre los cielos, el toro, forma que suele adoptar para engañar a sus amantes, y el lobo.

Alrededor de las cuatro esquinas del trono podemos encontrar cuatro deidades aladas, sus sirvientes: Nike, diosa de la victoria, Krátos, la representación del poder, Zelos la representación del ardor y Bia, la representación de la fuerza. De estos cuatro, sabemos que Nike ocupa un lugar privilegiado, ya que es la encargada de conducir el carro y los caballos de Zeus. Iris, la diosa alada del arco iris, es la primera mensajera de Zeus, un papel que más tarde será confiado a su último hijo Hermes.

La titánide Temis, diosa de la justicia y el orden, se sentará a su lado junto con seis de sus hijas: las tres Moires (las diosas del destino que se correspondían con las tres partes de la luna) y las tres Horas o Estaciones, deidades que presiden las tres estaciones del mundo griego; esta presencia significa que Zeus es el Señor del orden universal y del paso del tiempo. La última diosa del consejo de Zeus es Meti, una de las oceánicas y deidad de la inteligencia y el pensamiento: se quedará embarazada de Zeus pero, debido a una profecía según la cual el recién nacido superaría a su padre en inteligencia, éste se tragará a Meti antes de que pueda dar a luz. De este modo, Zeus absorberá la inteligencia de la diosa, entre otras cosas porque, según los griegos, la sede del cerebro era el estómago. Según algunas versiones del mito, la hija de Meti será entregada por Zeus, que se quejaba de un fuerte dolor de cabeza y ordenó a Hefesto que le partiera el cráneo para acabar con el origen de este dolor: de la herida salió Atenea perfectamente armada, fuerte e inteligente como su madre.

El turbulento romance de Zeus cristaliza en su matrimonio con su hermana, la diosa Hera; son los señores del Olimpo y a menudo se hacía referencia a Hera como la *madre de los dioses*, aunque sólo tuvo cinco de los innumerables hijos de Zeus. Entre los más conocidos están Ares, el dios de la guerra; Eris, la diosa de la discordia; Hefesto, el dios del fuego y los metales; e Ilithyia, la diosa protectora de los partos y los dolores de parto.

A pesar de estar casado con Hera, Zeus es conocido por entrelazar relaciones de una noche con muchas otras diosas como Deméter, Eurinome, Leto, Metis, Mnemosyne, Maia, Themis, y con mujeres mortales como Antíope, Calisto, Alcmena (la madre de Heracles), Danae, Europa, Io, Semele, y con dos hombres, Ganímedes y Euforión. Como podemos imaginar, el deseo amoroso de Zeus no tiene límites y, de hecho, recurre a cualquier medio para satisfacerlo: varias veces se disfraza y cambia de apariencia para engañar a sus amantes. Una versión del mito de Ganímedes ve a la bella mortal raptada por Zeus en forma de águila divina; Io será envuelta en una ligera niebla, es decir, Zeus temía ser descubierto por su esposa; Europa fue raptada por Zeus en forma de toro blanco; con Dánae, el dios tuvo al héroe Perseo y la impregnó en forma de lluvia de oro, ya que la doncella fue obligada por su padre Acrisio a vivir entre los muros de bronce de una prisión subterránea vigilada por centinelas armados, para no dar a luz a un hijo varón que destronara al rey de Argos.

Además, el destino de sus amantes suele ser desgraciado, ya que su esposa Hera descubrirá las traiciones de su marido, pero descargará su ira precisamente en las doncellas. Incluso los frutos de sus innumerables amores tendrán que protegerse de Hera, como veremos en el curso de esta segunda parte del libro.

Las hijas más famosas de Zeus son las que tuvo con Mnemosyne: las nueve musas. Se les considera deidades menores, ya que no sólo son adorados por los dioses, sino también por la plebe. Se les rinde culto porque son protectores de las artes en un sentido amplio, de hecho presiden la música, la danza, el canto, la poesía y, en general, la exteriorización artística del espíritu humano.

La importancia de las musas en la religión griega era muy alta, ya que son ellas las que conceden la inspiración al artista: trivialmente, siempre que tenemos bloqueo de escritor significa que las musas no nos han considerado a la altura del arte que estamos interpretando.

La etimología del nombre musas parece dudosa: la raíz de la palabra griega *musai* podría corresponder a *meter en la cabeza, hacer pensar*, pero también podría ser un sinónimo de *ninfas de la montaña*, ya que su posible origen podría corresponder a un acontecimiento relacionado con Pegaso. De hecho, se dice que el caballo alado creó manantiales con sus pezuñas de los que nacieron las musas. Incluso su lugar de nacimiento es dudoso: algunos los sitúan en Beocia, la tierra de Hesíodo, otros en Tracia, otros en el Parnaso o Delfos.

Originalmente, las musas no tenían un papel específico y sus acciones eran intercambiables; sólo más tarde, durante el periodo helenístico, las musas se especializaron en los distintos géneros, de modo que podían ser invocadas por separado para ejercer su protección e inspiración.

Las nueve musas están encabezadas por Calíope, la que *tiene una hermosa voz*, la musa de la poesía épica y, por lo tanto, la que es invocada por quienes tienen que escribir un poema épico -Homero, en su Ilíada, cuando dice *Cántame o Diva* se refiere a ella-. Dado que la épica era la forma más importante de la literatura de la época, Calíope se convirtió en la musa principal. Inicialmente, Calíope era representada bailando con una lira en la mano, pero más tarde, en la época clásica, los objetos con los que se la representaba pasaron a ser una tablilla de cera y un estilete con el que escribir epopeyas.

Clío, la segunda musa, es la proclamadora, la *que nos hace famosos*, y se la representa con un montón de libros, pergaminos y tablillas en sus brazos, precisamente porque escribe las crónicas históricas.

La tercera musa, Erato, es patrocinada por la poesía amorosa y el canto coral: su nombre deriva de Eros y puede traducirse como la que *es amable o la que despierta la pasión*. Erato se representa cantando y bailando coronada con mirtos y rosas y siempre va acompañada de un querubín con arco y flecha, para representar a Eros.

Euterpe, la que anima, es la *musa de la música y la poesía lírica*, se la representa con una flauta en la mano, instrumento del que se la considera inventora.

La quinta musa, Melpómene, es la *musa de la tragedia*: lleva una daga ensangrentada, un cetro, lleva la máscara trágica así como la vestimenta clásica de un artista de la tragedia, por ejemplo, sandalias, y tiene una expresión severa en todo momento, ya que se trata de un arte muy difícil de tratar e interpretar. Se dice que probablemente engendró a las sirenas junto con el dios del río Acheloo, lo que explicaría su capacidad de cantar.

Polyhymnia es la musa que preside la pantomima, la orquestación, la danza asociada al canto sagrado y heroico, pero también la retórica, la geometría y la historia... todas estas artes están relacionadas con ella, quizá porque su nombre significa *varias voces*.

Talía es lo contrario de Melpómene: es la *musa de la comedia, de la poesía idílica* y de todo lo que es cómico y satírico; no es casualidad que lleve la máscara de la comedia. Su nombre significa la que está en flor y florece y, por tanto, está cubierta de flores en las representaciones.

Terpsícore es la *musa de la danza* y la *ópera coral*, se la representa coronada de laurel, planta sagrada para Apolo, y con instrumentos musicales en la mano; su nombre significa traer placer y alegría.

La última de las musas es Urania: su nombre significa celeste, parte del cielo y, de hecho, es la *musa de la astronomía y la geometría*. Se la representa envuelta en estrellas y con un globo terráqueo en las manos.

Como hijas de la memoria y expertas en todas las artes, las musas eran tan conocedoras del pasado, el presente y el futuro como otras deidades como, por ejemplo, las Moiras, diosas del destino.

HERA

HERA

Hera, hermana y esposa de Zeus, era conocida como la reina de los dioses; hija de Kronos y Rea, fue engullida por su padre como todos los demás hijos, a excepción de Zeus. Su infancia tuvo lugar en la isla de Eubea, concretamente en la casa de la nereida Tetis, donde la ninfa Macris se ocupaba de ella.

El matrimonio con Zeus tendió a ser feliz, a pesar de los celos fundados de Hera: una de las peleas más furiosas estalló inmediatamente después de la boda, acontecimiento que vio a la diosa abandonar el Olimpo para refugiarse en la isla donde había crecido y ser consolada por su nodriza. Mientras tanto, incapaz de vivir sin ella, Zeus pidió consejo a Alalcomeneo e ideó una estratagema para recuperarla. Difundió la noticia de su próxima boda con una bella ninfa y organizó toda la pantomima: vistió a un títere con suntuosos ropajes, lo subió a un carro, ordenó al conductor que recorriera toda la isla y explicara a todo aquel que lo cuestionara que transportaba a la futura esposa de Zeus. Al conocer la noticia y cegada por los celos, Hera se abalanzó sobre su rival, arrancándole la ropa, para darse cuenta de que era una mujer de madera. La diosa comprendió la lección de su marido y pronto regresó al Olimpo junto a él.

Hera fue representada en ese mismo trono, sosteniendo una granada en una mano como símbolo de fertilidad, teniendo en cuenta su papel de diosa protectora de los partos y el matrimonio; mientras que en la otra mano sujetaba un cetro coronado por un cuco, en recuerdo del animal que había encarnado Zeus cuando le pidió su mano. Su aspecto era maravilloso e inspiraba veneración: su rostro estaba enmarcado por una espesa cabellera, unos hermosos y grandes ojos y su mirada era tan dulce como la de todas las matronas.

Se dice que Hera era especialmente vengativa con las amantes de su marido, y el mito de Io lo describe muy bien. Io, sacerdotisa de Hera e hija del rey de Argos y de la ninfa Melia, fue detenida por Zeus que le declaró su amor. Le ofreció vivir en una casa en el bosque, un lugar donde nadie la molestaría porque él la protegería. La sacerdotisa, asustada por esas palabras, comenzó a huir, pero Zeus, sin inmutarse, la persiguió, transformándose en una nube envolvente.

Justo en ese momento, Hera se dio cuenta de la ausencia de su marido y, al ver aquella extraña nube, intuyó inmediatamente la traición. Sintiendo la presencia de Hera y sabiendo que nada bueno le ocurriría a su amante, Zeus se preparó para transformar a Io en una novilla. Sin embargo, el subterfugio no engañó a la astuta Hera que, al llegar a su presencia, le pidió que le diera el animal. En ese momento, Zeus, para no ser descubierto, no podía negarle el don, aunque esto hubiera supuesto condenar a Io a un triste destino.

Decidida a castigar a la amante de su marido, Hera confió la vaquilla a quien podía verlo todo gracias a sus cien ojos colocados en cada parte de su cuerpo, el gigante Argus. Controlado en todo momento por la vista -también porque los cien ojos descansaban por turnos-, comenzó una vida terrible para Io, que era obligada a pastar todos los días, a beber en los ríos y a estar atada por la noche para no escapar.

Zeus, sintiéndose culpable por haberla condenado a un destino tan cruel, pidió ayuda al mensajero Hermes y le encargó que liberara a la doncella de la esclavitud. Asumiendo la apariencia de un joven pastor de cabras, Hermes voló a la tierra y comenzó a tocar un instrumento musical hecho de cañas, produciendo una melodía tan armoniosa que el propio Argos le rogó que dejara pastar a sus cabras con él. La música inducía al sueño a cualquiera que escuchara aquellas dulces notas, pero Argos, acostumbrado a descansar con la mitad de los ojos, nunca se dormía. Intrigado por aquellos dulces sonidos, Argos preguntó quién había inventado tal instrumento: y así, Hermes comenzó a contar con voz tenue

Érase una vez, en las montañas de Arcadia, una ninfa llamada Syrinx (del griego Syrinx, que significa caña), seguidora de Artemisa, la diosa que vivía en los bosques y cazaba. Era tal su gracia que muchos dioses deseaban poseerla y, de hecho, lo intentaron: entre ellos, también el dios Pan, que un día comenzó a perseguirla. Syrinx, en un intento de escapar, rogó a su padre Ladón, el dios del río, que la salvara de la persecución. Para salvarla, la convirtió en un haz de cañas ante los ojos de Pan, que no tuvo más remedio que coger una caña, cortarla en muchos trozos y atarlos todos con una cuerda. Y así fue como se creó el instrumento musical conocido como Syrinx o flauta de Pan.

Al terminar su relato, Hermes se dio cuenta de que los cien ojos del gigante se habían cerrado, dormidos. El dios aprovechó ese momento para matarlo, arrojándolo desde lo alto de un acantilado y consiguiendo liberar a la joven Io. Mientras tanto, Hera, desde las alturas del Olimpo, se dio cuenta de que Argos estaba muerto y, sin poder salvarlo, tomó sus cien ojos para fijarlos en la cola de un animal sagrado para ella, el pavo real.

Sin embargo, la condena de Io aún no había terminado: Hera decidió atormentarla enviándole un tábano que la hizo arrojarse al mar para escapar de él. Tras cruzar a nado ese mar, al que bautizó como Jónico, desembarcó en Egipto. Allí, Io retomó su forma humana y dio a luz al hijo que tuvo con Zeus, Epafis.

Los celos de Hera le hicieron idear venganzas incluso transversales y se remontan a los albores de su relación con Zeus, que, de hecho, comenzó con un engaño: al verla caminar sola e inmersa en sus pensamientos, se enamoró de ella y decidió que tenía que tenerla a cualquier precio. Entonces el dios se transformó en un cuco y, acechando en la cima de una montaña, desató una violenta tormenta; la lluvia y el frío incesante le hicieron refugiarse en los brazos de la diosa que, ablandada, calentó al frío animal. En ese mismo momento, Zeus se mostró en su verdadera forma y se dispuso a seducir a la diosa, que al principio trató de negarse a sí misma, pero finalmente capituló a sus pies. Hera, por tanto, ya al principio de su relación con su futuro marido era consciente, en su fuero interno, de que no podía confiar en un hombre que se presentara disfrazado porque podría ocultar otros disfraces.

HEFESTO

HEFESTO

Hefesto es el dios lisiado de los metales, la artesanía y la herrería; su vida está salpicada de burlas e insultos de todos los dioses griegos. A pesar de ello, su papel es crucial como *dios del trabajo manual* y muchos de sus rasgos físicos, dependientes de esta misma función, reflejan las deformidades de los antiguos herreros.

Su nacimiento es muy peculiar: la versión más extendida nos dice que sólo era hijo de Hera. Parece, de hecho, que Hera, celosa de que su marido hubiera dado a luz a Atenea directamente de su cabeza, decidió, por tanto, dar a luz ella misma a un hijo. En el momento de nacer, el aspecto tullido de Hefesto no fue aceptado por su madre, que decidió arrojarlo del Olimpo. Cayó durante todo un día y aterrizó en las inmediaciones de una cueva submarina: habiendo sobrevivido a la caída gracias a su esencia divina, fue rescatado por Tetis, la madre de Aquiles, y Eurinome, dos divinidades marinas que lo criaron como un hijo.

Hefesto vivió unos buenos nueve años en la cueva con sus madres adoptivas, que fueron recompensadas con majestuosas joyas hechas directamente por el dios. Fueron precisamente las gemas preciosas las que decretaron su regreso al Olimpo, ya que

Hera quedó fascinada por un broche forjado por Hefesto. Montado en un asno, que se convertiría en su animal sagrado, se presentó ante los dioses del Olimpo con doce preciosos tronos y reclamó su lugar, decretando que era hijo de Hera. Todos los dioses se alegraron de recibir al hábil herrero que, sin embargo, no había olvidado el agravio sufrido: de hecho, invitó a su madre a sentarse en el trono de oro y diamantes que había hecho especialmente para ella. En el momento en que se sentó en el precioso trono, quedó inmovilizada por él, sin poder levantarse.

Después de atraparla, Hefesto desapareció durante semanas hasta que Dioniso consiguió, quizás emborrachándolo, convencerlo y aceptar las disculpas de su madre. El perdón no tardó en llegar, acompañado del matrimonio con Afrodita.

El regreso al Olimpo incrementó el trabajo de Hefesto como herrero, que creó algunos objetos increíbles: una serie de mujeres mecánicas para ayudarle en su trabajo de forja, una serie de taburetes mecánicos de tres patas capaces de moverse entre las minas para transportar minerales en bruto y objetos acabados y, por último, un aparato ortopédico y una muleta de oro para su pierna mala. Su deformidad no mejoró en absoluto con su llegada al Olimpo: fue arrojado por segunda vez desde la cima de la montaña directamente por Zeus, al intentar protestar por la baja condición de su madre colgada del Caos por intentar un golpe de estado.

Una vez más, Hefesto cayó durante todo un día y se estrelló en la isla de Lemno, donde fue socorrido por piratas compadecidos por su fealdad y deformidad. Le rindieron culto y en poco tiempo volvió a estar en forma; al parecer, el suelo donde cayó se convirtió en un lugar de peregrinación, ya que el barro de Lemno espolvoreado sobre sus heridas curaba rápidamente cualquier dolencia.

La forja principal de Hefesto se encuentra bajo el monte Etna, un lugar en el que contará con la ayuda del aliento de fuego de

Tifón; de hecho, sus creaciones más famosas se harán allí. Además de las joyas y objetos preciosos que le ayudaban en su trabajo, Zeus le encargó que creara un martillo dividido en dos partes, de modo que una parte fuera imperfecta, para crear las armas reservadas a todos los demás dioses, y la otra fuera perfecta, para fabricar las armas reservadas sólo al dios. Probablemente Hefesto hizo la Égida, el escudo de Zeus, las armas de Aquiles y Tetis, los instrumentos de percusión llamados badajos de bronce para Hércules, las flechas y el arco de oro y plata para Apolo y Artemisa, el casco y las botas para Hermes, el cinturón mágico de su esposa Afrodita, etc. Además, él, como ya hemos mencionado, es el creador de Pandora y su caja que propagó todo el mal en el mundo.

Las historias en las que Hefesto es el protagonista son también las más humillantes. La primera se refiere a su supuesta unión con Atenea: las dos deidades representan las artes menores (parece que Atenea era incluso una costilla de Hefesto) y él, de hecho, sentía cierto afecto por la diosa, a pesar de estar casado con Afrodita. Según algunas versiones, esta unión estaba a punto de perpetuarse cuando, en el último momento, Atenea desapareció y la semilla divina de Hefesto se extendió por la tierra, impregnando a Gea. De esta unión nació Eritonio, un niño con patas de serpiente que fue adoptado por Atenea y, de hecho, se convirtió en el cuarto rey mitológico de Atenas.

La segunda leyenda con Hefesto como protagonista también se refiere a la bella Afrodita, su esposa de la que tuvo dos hijos legítimos: Eros y Harmonia. La belleza y perfección de las dos criaturas hizo pensar inmediatamente que su padre no era realmente Hefesto, ya que ninguna de ellas tenía la deformidad de su supuesto padre. La principal relación amorosa de Afrodita, de hecho, era con Ares, y esa relación era conocida por todos menos por Hefesto, que fue informado de la situación por Helios, que se lo contó por compasión. Para atraparlos en el acto, Hefesto fabricó una red de oro indestructible que colocó en su lecho matrimonial, a la espera de que ambos consumaran el acto. Y así fue: los dos dioses fueron sorprendidos en el acto y, esperando que fueran denigrados, Hefesto convocó a todos los demás dioses. Sin embargo, no se limitaron a criticar sólo a Afrodita, sino que también apuntaron a Hefesto. Humillado, el dios recibió su dote matrimonial de Poseidón y nunca más volvió al Olimpo, permaneciendo confinado en sus tenebrosas forjas.

Allí, Hefesto archivó el matrimonio con la diosa del amor y mantuvo numerosas relaciones con dioses menores como Aglaia, diosa de la belleza y mensajera de Afrodita, que dio a luz a las cuatro Aglaias (Eucleia, Eufemia, Eutenea y Filofrosina); otra compañera del dios era Etna, una ninfa de la montaña que dio a luz a los dioses patronos de la navegación y de las aguas termales, deidades subterráneas llamadas Palici; finalmente, dio a luz, por unión con la ninfa del mar Cabeiro, a Alcón y Eurimedón, dioses del inframundo llamados Cabiri. Al igual que su padre, los Cabiri -nombre que recuerda a los cangrejos- son cojos y su forma de caminar recuerda a la de los crustáceos, muy similar a la de Hefesto.

La deformidad era un estatus muy pesado para los pueblos antiguos, especialmente para los griegos: Hefesto, aunque descrito en términos positivos, era retratado como feo, bajo y grande por las estatuas que se colocaban cerca de las chimeneas. Esta acusación puede tener su origen en el mundo real, cuando los antiguos herreros, acostumbrados a inhalar metales tóxicos como el arsénico, pueden haber desarrollado deformidades en sus rostros y extremidades que se asemejarían a las malformaciones de Hefesto. Otras fuentes narran que el dios del metal era feo y cojo debido a los sentimientos de ira que movieron a su madre a crearlo.

Hefesto es un dios profundamente solitario: no es bello, no es querido, no es amado, es rechazado por todos, es traicionado por la diosa más bella pero, al mismo tiempo, representa el espíritu trabajador del talento y el sacrificio que redime la fealdad y las limitaciones físicas.

ARES

ARES

Una de las deidades menos apreciadas del panteón griego es Ares, el dios de la guerra en su aspecto más primitivo. Se supone que su nombre significa *el furioso, el violento*, y su raíz reaparece en los apodos dados a otras deidades como Zeus Areios, Atenea Areia y Afrodita Areia. Esparta era famosa por exhibir una estatua de un Ares encadenado en el centro de la ciudad, lo que significaba que el espíritu de lucha y la violencia en la batalla no podían desaparecer nunca.

Ares es uno de los pocos hijos legítimos de Zeus nacidos de su matrimonio con Hera y tiene dos hermanas, Hebe e Ilithyia. Según otros, Ares es el hermano gemelo de Eris, la diosa de la discordia. En cualquier caso, era un alborotador sin precedentes y le acompañaban en la batalla diversas criaturas como Polemos, demonio de la guerra, Krátos y Bia, los dos hermanos que identificaban la fuerza bruta y la violencia. Así, Ares es el dios de la guerra más fea y por ello es despreciado por los demás dioses, sobre todo porque los griegos eran conocidos por favorecer la astucia en la batalla y no la fuerza. Es la encarnación de la sed de sangre: solía ir a la batalla desnudo, vestido sólo con una capa y armado con lanza, espada y escudo.

A pesar de la imagen musculosa y fuerte que evoca, la figura de Ares en sus descripciones físicas es aterradora, ya que iba acompañado de los espíritus de la batalla, llamados Makhai, mientras montaba una cuadriga tirada por cuatro caballos inmortales, completamente negros y capaces de escupir fuego por los ojos y las fosas nasales. Por si fuera poco, Ares estaba acompañado por dos de sus hijos divinos Deimos y Fobos, el miedo y el terror.

El primer mito en el que aparece se refiere al nacimiento de la ciudad de Tebas. El héroe Cadmo, de hecho, recibió instrucciones del oráculo de Delfos para perseguir a una determinada vaca y crear una ciudad donde se detuviera. El animal se detuvo cerca de una cueva donde vivía un terrible dragón marino consagrado a Ares, al que Cadmo mató. Siguiendo el consejo de los dioses, especialmente de la diosa Atenea, Cadmo plantó los dientes del dragón en la tierra y reunió un ejército de soldados, los espartiatas, que le ayudaron a construir la ciudad de Tebas. Cadmo, por supuesto, tuvo que servir a Ares durante años para expiar la culpa de haber matado a un animal sagrado para él.

Más famoso por su relación clandestina con Afrodita, Ares es el padre de un innumerable número de hijos, engendrados con muchos mortales. Es descubierto y atrapado mientras yace en el lecho de Hefesto con Afrodita, un acontecimiento que, como sólo hemos mencionado anteriormente, ocurrió por culpa de Helios. El dios del sol, de hecho, los descubrió mientras estaban acostados en una cabaña en Tracia. El amargo descubrimiento se produjo porque el guardia designado por Ares para que nadie mirara dentro de la casa se quedó dormido poco antes del amanecer. Helios, amaneciendo justo en ese momento, pasó por los cielos de Tracia y no pudo evitar descubrir la hazaña. Entonces, Ares decidió castigar a su guardia, *Alectryon*, que, desde ese día, se convirtió en un animal que, al amanecer, abre los ojos y canta: *Alectryon*, en griego, significa gallo.

Sin embargo, las fechorías de Ares no terminan ahí.

En Macedonia vivía un ser entre humano y monstruo llamado Cicno, empeñado en erigir un templo hecho con los huesos de las personas que mataba en favor de su padre Ares. Esto llevará a Heracles a enfrentarse y matar a Cicno, pero la muerte de éste desatará la ira de Ares que, sin éxito, intentará enfrentarse al héroe y, justo antes de acabar con él, huirá de vuelta al Olimpo.

Al no llevar armadura, Ares, en cuanto es herido, huye al monte Olimpo y su madre Hera lo sabía bien. En la Ilíada, no es casualidad que Ares sea llamado a los cielos tras una larga secuencia de actos nefastos. Al principio, se puso del lado de los griegos, pero Afrodita lo convenció y se pasó al lado de los troyanos. Hera, segura de que tarde o temprano Ares acabaría mal, convenció a Zeus para que interviniera y Diomedes fue elegido como casus belli. Este último, de hecho, se encargará de herir a Ares y lanzará su lanza contra el dios que, puntualmente, se refugiará a salvo en el Olimpo tal y como quería su madre Hera.

AFRODITA

AFRODITA

El nombre de la diosa del amor, la pasión erótica y el sexo es Afrodita, que significa *nacida de la espuma del mar*. La versión más conocida de su nacimiento se refiere a la emasculación de Urano por Kronos: el miembro de su padre arrojado al mar formó una espuma de la que surgió una concha con una Afrodita perfectamente formada en su interior, tal y como podemos admirar en el cuadro de Botticelli *El nacimiento de Venus*. Se dice que las costas que la vieron nacer fueron las de Chipre o las de la isla de Lemnos; dondequiera que surgiera, la diosa recién nacida habría sido vestida con joyas por varias ninfas.

Afrodita, vestida de forma preciosa, fue recibida con alegría por los dioses del Olimpo y también por Zeus, que la aceptó como su hija adoptiva. Era la diosa más bella y repleta de todo el panteón pero, aunque era una diosa, no era perfecta. De hecho, Afrodita tenía siete defectos que la hacían aún más única y maravillosa: el nacimiento de su pelo era de un color ligeramente más oscuro que el rubio de su larga cabellera, sus ojos tenían un ligero estrabismo de Venus, su dedo corazón era ligeramente más largo que los otros dedos de su mano, tenía arrugas en el cuello, el segundo dedo del pie era más largo que el dedo gordo (pie a la griega), sus líneas abdominales eran oblicuas y tenía dos hoyuelos justo encima del trasero.

La diosa de la sexualidad y el amor también poseía la capacidad mágica de hacer que cualquiera que la mirara se enamorara de ella, capacidad potenciada por un cinturón que le había regalado su marido Hefesto. Ni siquiera la tríada olímpica pudo resistirse a los encantos de Afrodita, pero Zeus, que no quería sucumbir a la magia de la diosa y estaba molesto por los dioses que una y otra vez llegaban a las manos por quién podía casarse con ella, decidió entregarla en matrimonio a Hefesto, el más feo de los dioses pero, al mismo tiempo, uno de los más fuertes. La idea de Zeus funcionó y la ardiente situación entre los dioses se calmó, excepto para el dios de la guerra, Ares. Como sabemos, Hefesto atrapó a los dos amantes en una red de oro y, posteriormente, Afrodita escapó a una isla lejana donde recuperó su virginidad.

Hermes, que había expresado numerosas apreciaciones románticas sobre la diosa, será recompensado acostándose con ella y procreando. El hijo, de belleza muy afeminada, se llamará Hermafrodito por la unión de los dos nombres. Hermaphroditus se convertirá más tarde en un ser de doble sexo al fusionarse con una ninfa que se enamora perdidamente de él.

Entretanto, Afrodita se convertirá también en la madre de Príapo, engendrado por la unión con Dioniso, una representación de la sexualidad impulsiva y sucia y de la violencia sexual: de hecho, a menudo se le representa como un ser pequeño y barbudo, dotado de un miembro tan grande como él mismo.

Un último mito con Afrodita como protagonista se refiere a la guerra de Troya. Zeus, para castigar a la diosa por su promiscuidad, decidió enamorarla del mortal Anquises, un héroe muy poderoso. Afrodita, transformada en princesa tracia, hace el amor con Anquises y se revela ante él después del acto. Él, mortificado por haber denostado a una diosa, le pidió inmediatamente perdón y la diosa, con la condición de que no hablara de ella a nadie, le dijo que no tendría nada que temer. Sin embargo, una noche en la que Anquises estaba un poco achispado, se jactó ante sus amigos de haberse acostado con la diosa del amor, momento en el que Zeus le castigó lanzándole un rayo. Afrodita, enamorada del mortal, consiguió desviar el rayo, pero no pudo salvar su aspecto, ya que, por el susto, se rompió la espalda y quedó jorobado de por vida. Al volverse feo, Afrodita perderá todo interés en él y le confiará a su hijo Eneas, dejándolo solo.

Según las historias que se cuentan, Afrodita nunca gozó de buena reputación: era astuta, caprichosa y voluble, pero aún así era respetada. Para los griegos, era la diosa más bella del panteón y de su nombre procede la palabra *afrodisíaca*, una sustancia que aumenta la estimulación sexual.

ATENEA

ATENEA

Atenea tiene unos orígenes muy especiales: nació de la cabeza de Zeus que se había tragado a su compañera Meti, la titánide de la sabiduría y el conocimiento y tía del dios. Según una de sus vaticinios, predijo que sus hijos serían superiores a su padre, aunque éste fuera el propio Zeus. Aterrado ante la posibilidad de ser destituido, Zeus se tragó a Meti, que, sin embargo, ya estaba embarazada de Atenea.

En el vientre del dios, Metis dio a luz a Atenea y forjó su armadura: los movimientos de la pequeña provocaron un violento dolor de cabeza en Zeus que, para curarse, se hizo golpear en el cráneo por Hefesto. De la herida surgió Atenea ya adulta, hermosa y armada. Como hija mayor de Zeus, la diosa es considerada la legítima heredera al trono y su padre, a partir de entonces, ya no intentará matarla para evitar su destronamiento, sino que la tratará como se merece.

Nacida como diosa de la guerra, Atenea heredará toda la sabiduría e inteligencia de su madre y, a diferencia de su hermano Ares, será la más fuerte del Olimpo pero también la más astuta, por lo que será llamada la *diosa de la táctica y la sabiduría militar*. Atenea participará tanto en la Titanomaquia como en la Gigantomaquia, en las que derrotará a una serie de gigantes, entre ellos a Palas, a la que despellejará vivo. Por esto último será apodada Palas Atenea, aunque otros muchos relatos hablan de otra pequeña diosa, su amiga, llamada Palas que fue asesinada por Atenea por error y ésta, para honrar a su amiga perdida, tomó su nombre.

Una vez finalizado el periodo bélico, Atenea no se quedó sólo en la diosa de la guerra, sino que empezó a crear un torrente de objetos: la brida para los caballos, el yugo para los bueyes, el carro, inventó la navegación, creó los barcos para los hombres y dio vida a todas las artes antes consideradas femeninas como la costura, la cocina, las tareas del hogar, etc. Atenea también es apodada Parthènos, ya que había elegido por su propia voluntad permanecer virgen para siempre, por lo que su vida se dividía entre el trabajo en la batalla y la gestión del hogar.

Además, se le atribuye la invención de muchos instrumentos musicales, entre ellos, según algunas versiones, la flauta que fabricó tallando una caña. Le gustó mucho el sonido que emanaba de aquel nuevo instrumento y comenzó a tocarlo incluso en el monte Olimpo, hasta que las otras mujeres, envidiosas, comenzaron a burlarse de ella por la expresión facial que se asume al tocar un instrumento de viento. Al verse reflejada en un charco de agua, Atenea decidió que no volvería a tocar la flauta, por lo que la tiró; ese instrumento musical fue recogido más tarde por Marsyas, el que se atrevió a desafiar a Apolo en un concurso de música y acabó desollado.

Como hemos mencionado, Atenea era también la diosa del tejido y, como le ocurrió a Marsyas con Apolo, una mortal llamada Aracne se atrevió a desafiarla en este campo y fue castigada directamente por la diosa. Aracne, famosa por su habilidad como tejedora y bordadora -sus lienzos se consideraban un regalo del cielo-, era una doncella con talento pero altiva: era tan temeraria como para afirmar que era tan buena cosiendo hermosos tapices que ni siquiera la diosa Atenea sería capaz de competir con ella.

Tras tales declaraciones, Aracne tuvo incluso la osadía de retar a la diosa a un concurso público; Atenea, al enterarse de la noticia, se enfureció y se presentó ante la doncella bajo la apariencia de una anciana, sugiriéndole que retirara el reto y se conformara con ser la mejor tejedora del reino mortal. Sin embargo, Aracne no se dejó intimidar por las palabras de la anciana y replicó que si la diosa no aceptaba el reto, significaría que no tenía el valor de competir con ella. En ese momento, Atenea se reveló y sólo pudo declarar abierto el desafío.

Colocadas una frente a la otra, las dos comenzaron a tejer sus lienzos: Atenea decidió representar sus grandes hazañas, mientras que Aracne elaboró un maravilloso tapiz con escenas espinosas relativas a todos los dioses. La propia diosa, ante semejante obra maestra, tuvo que admitir que el trabajo de su rival era incomparable: los personajes estaban tan bien representados que parecían saltar del lienzo. Algunos relatos dicen que en las escenas de sexo Aracne también había representado a Atenea, aunque era una diosa virgen.

En cualquier caso, Atenea no pudo tolerar la evidente derrota y rompió la telaraña de Aracne en mil pedazos. Para escapar de la ira de la diosa, intentó colgarse de un árbol con el mismo hilo que había utilizado para crear el tapiz. Atenea, pensando que este era un castigo demasiado suave, decidió condenar a la doncella a tejer por la eternidad y a colgarse del mismo árbol del que había intentado suicidarse. Aracne fue convertida en araña y su condena fue tejer, con su boca, su tela todos los días y destejerla todas las noches, tal como hacen las arañas, esto tanto para condenarla por la eternidad como para permitirle salvarse trepando por la cuerda que la estaba matando. Aún hoy, cada vez que se ve a una araña ocupada en tejer su tela, se piensa en el triste destino de la tejedora que se había atrevido a ser más hábil que una diosa.

Atenea era la diosa de muchas cosas, pero no de la metalurgia y, al no poder fabricar armas, utilizaba las que le prestaba su padre Zeus hasta que un día, por consejo de Poseidón, acudió a Hefesto, el herrero de los dioses. La relación con su tío nunca fue de las mejores, probablemente porque Poseidón había sido rechazado por su sobrina: como primera descortesía, le aconsejó que fuera a Hefesto para que le fabricara las armas de los dioses y le dijo al herrero que Atenea le pagaría en especie. Así que Hefesto, tal y como se había acordado, fabricó las armas para la diosa y pensando que tendría que cobrar en especie, tal y como hemos relatado en el capítulo dedicado a él, en el momento en el que estaba a punto de concluir la hazaña, Atenea desapareció mágicamente y así Hefesto impregnó a la Madre Tierra, Gea.

Otra disputa en la que participaron Poseidón y Atenea se refería al dominio de la ciudad que debía llamarse Poseidonia o Atenas: para evitar un derramamiento de sangre innecesario, se convocó un concurso entre las dos deidades, que debían presentar un regalo a la población, el que diera el regalo más bienvenido ganaría el patrocinio de la ciudad. Para dar a su pueblo sustento, madera e incluso comercio, Atenea donó el olivo. Por otro lado, se dice que Poseidón regaló una fuente de agua salobre que conectaba la ciudad con el puerto, pero era agua no potable o, según otra versión, el dios regaló al pueblo el caballo de guerra. Según la primera versión, Atenea ganó porque todo el pueblo prefería una fuente de riqueza triple; en la segunda versión, sin embargo, toda la población masculina adoraba el regalo de Poseidón, mientras que las mujeres preferían el regalo de Atenea: tras una votación, la diosa volvió a ganar porque la población femenina superaba (¡por uno!) a la masculina. Así que la ciudad tomó el nombre de Atenas y el dios Poseidón, resentido, la inundó, destruyendo lo poco que se había construido -desde entonces, las mujeres fueron privadas de su derecho al voto, porque de lo contrario habrían provocado la ira del dios del mar.

POSEIDÓN

POSEIDÓN

Poseidón, hijo de Kronos y Rea, los dos titanes que dieron origen a los seis primeros olímpicos, era el *dios de los mares*; nacido antes que Hades, es considerado el hermano mediano entre Zeus y el dios del inframundo.

El dios de los mares es descrito como una figura alta, poderosa y musculosa: era ligeramente más bajo que Zeus y tenía una espesa cabellera y barba negras. Sus rasgos debían parecerse a los de un viejo lobo de mar endurecido por la vida en el mar y el aire salado. A menudo se representa a Poseidón dentro de su carro tirado por cuatro hipocampos, animales que no pretenden ser caballos de mar, sino criaturas a medio camino entre los caballos y los peces. La naturaleza voluble del dios sigue la del mar: puede ser extremadamente bueno cuando se hacen los debidos sacrificios y se le reza, ya que proporciona a los marineros un mar tranquilo y sustanciosas capturas para los pescadores, pero también puede ser muy malo cuando se le ofende. Poseidón, de hecho, era el autor de las inundaciones y los maremotos, podía destrozar los barcos y matar a los marineros a su antojo. Precisamente por esta peculiaridad, se le conocía como el *agitador de la tierra* y, antes de pasar a Eolo, se le confió la gestión de los vientos.

El punto álgido de su ira se encierra en los sucesos que le ocurren a Odiseo, que no sacrificará nada antes de su salida de Troya -que, por cierto, había conquistado abusando del símbolo de Poseidón, el caballo- y también cegará a Polifemo, un hijo del dios. Sin embargo, el lado bueno de Poseidón era muy apreciado: al igual que Apolo, que era el guardián de los viajeros por tierra, era el dios de los viajeros por mar y muchas ciudades de Grecia lo adoraban como su patrón.

A diferencia de Hades, pero similar a su hermano Zeus, Poseidón también era un mujeriego que tenía muchos hijos. En cualquier caso, la esposa legítima de Poseidón era la ninfa del mar Anfítrite que, al principio, era reacia a casarse con él, pero fue convencida por Delfín, que también se convirtió en su consejero. Anfítrite fue una esposa fiel y, a diferencia de sus cuñadas Perséfone y Hera, nunca fue demasiado vengativa con las amantes de su marido. Los orígenes de la novia del dios del mar se remontan a las nereidas, las ninfas del mar: bellas doncellas definidas como divinidades menores, en tanto que jerárquicamente superiores a los hombres pero, al mismo tiempo, inferiores a los dioses.

Las ninfas vivían en medio de la naturaleza, su símbolo, y eran elegantes, vestidas con largas túnicas aéreas; había diferentes tipos según el contexto en el que vivían: Las Nereidas eran las ninfas del mar, las Náyades de las aguas de manantial, las Potamidas eran las ninfas de los ríos, las Limnias eran las ninfas de los lagos, las Oreads eran las de las montañas y las cuevas, las Nápeas eran las de los bosques, las Híades y las Pléyades eran las ninfas de las estrellas, las Dríadas eran las de los bosques y, por último, las Amadríades eran las ninfas de los árboles. Apasionadas por la danza y la música, se divertían improvisando juegos y tejiendo historias de amor con los dioses, las diosas del bosque e incluso los hombres mortales.

Anfítrite y Tetis eran las nereidas más infames, hijas de Doris y Nereo, también conocido como el *viejo del mar*. Las ninfas del mar vivían en el fondo del mar o en cuevas que brillaban con oro, les gustaba jugar con las olas, pero a menudo subían a la superficie para ayudar a los marineros y viajeros, montando en delfines u otras criaturas marinas. Las nereidas formaban parte de la corte de Poseidón, quien un día, al notar la belleza de Anfítrite, se acercó a ella y le pidió que se casara con él. La tímida doncella, poco acostumbrada a las bruscas maneras del dios del mar, huyó y nadó hacia las fronteras occidentales, donde se encontraba Atlas.

Impertérrito, el dios del mar envió un delfín para convencer a Anfítrite y, de hecho, se dice que la encontró en una cueva y la llevó de vuelta a Poseidón para casarse. Como recompensa por su valiosa ayuda, el dios colocó la imagen del delfín entre las estrellas, convirtiendo a Delfín en una pequeña constelación del norte, cerca del ecuador.

De esta unión nacieron Tritón, mitad humano y mitad pez, Roda, ninfa del mar como su madre, Bentesicima, diosa de las olas, y Cymopolea, diosa de las tormentas marinas. Otros hijos importantes de Poseidón son Teseo, el rey de Atenas, Orión el cazador, Polifemo el cíclope, el caballo alado Pegaso y el semidiós Crisátor -los dos últimos nacieron de la cabeza cortada de Medusa-. Como hemos dicho, Anfitrite era una esposa paciente y fiel, pero con la bella ninfa Escila se mostró celosa y vengativa. Hija de Hécate y Forcus, Escila era una de las muchas amantes de Poseidón, y cuando Anfitrite se dio cuenta, pidió consejo a la hechicera Circe, que le dio unas hierbas mágicas para disolver en las aguas donde la ninfa solía bañarse. En cuanto Escila se sumergió, se transformó en un monstruo de tres metros y seis cabezas; para esconderse, se apoderó de una cueva en la costa calabresa, cerca del estrecho de Mesina. Sin embargo, se dice que frente a esa cueva, en la costa de Sicilia, había otra caverna que albergaba a Caribdis, hija de Poseidón y Gea. Los barcos, por lo tanto, para cruzar el estrecho, debían evitar caer en el vórtice provocado por éste, que engullía y echaba hacia atrás el mar, e inmediatamente después, no morir devorados por Escila.

ARTEMISA

ARTEMISA

Las circunstancias del nacimiento de Artemisa y su hermano gemelo Apolo son peculiares: sus padres son Zeus y Leto, hija de Ceos y Febe, dos titanes muy importantes ya que representan respectivamente la noche oscura y la luz que penetra en la oscuridad. El embarazo fue el resultado de una de las muchas escapadas de Zeus, que fue descubierto por su esposa Hera, quien, como de costumbre, decidió desatar su ira contra Leto. El castigo fue precisamente en el momento del parto: la monstruosa serpiente Pitón había sido encargada por Hera de perseguir a la mujer que, maldita, no podía dar a luz en tierra firme. Se hablaba de tierra *firme* y, afortunadamente, en el mundo griego existía una isla autopropulsada, la de Delos. Allí se refugió Leto y consiguió dar a luz a la pequeña Artemisa que, nada más nacer, ayudó a su madre a dar a luz a su hermano Apolo.

El mito cuenta que Artemisa, siendo aún una niña, hizo cuidadosas peticiones a su padre Zeus: ella, de hecho, tenía las ideas muy claras sobre quién quería ser. En primer lugar, no quería ser la segunda de su hermano, que ya había coleccionado numerosos nombres a una edad temprana; por lo tanto, pidió a su padre nada menos que el patrocinio de Apolo, exigió convertirse en una diosa del tiro con arco como su gemelo y de igual destreza -de hecho, sería capaz de provocar en las mujeres los infartos que Apolo provocaba en los hombres-. Además, Artemisa pidió traer la luz a la par que su hermano: él llevaba el carro del sol y, como el carro de la luna no existe en la mitología griega, ella será recordada como la *diosa de la luna creciente*, ya que el arco que empuñaba se asemejaba a su forma.

Artemisa también se convirtió en *diosa de la caza* y pidió a su padre todas las montañas y todas las ciudades como hogar; el arma que la acompañará en sus aventuras será un arco de plata, vestirá una túnica carmesí y, por último, tendrá el don de permanecer siempre virgen.

La diosa es virgen, pero probablemente ha experimentado el amor varias veces en su vida: además de los apasionados enredos con sus siervas, Artemisa se enamoró perdidamente de Orión, su compañero de caza. Era un joven gigante, cazador de ojos celestes, hijo de Poseidón y Euríale, esta última hija de Minos, rey de Creta. Se dice que Orión tuvo una vida tormentosa, llena de aventuras amorosas y hazañas de caza: la historia más conocida es la de la diosa de la aurora, Eos, que se sonroja cada día al recordar ese episodio. Más tarde, Orión se convirtió en el compañero de caza de Artemisa, quien, a pesar de su virginidad, quiso casarse con él a toda costa; su enamoramiento desencadenó los celos de su hermano Apolo, que no quería que su hermana gemela se casara con el gigante. Intentó por todos los medios impedir esta unión, y cuando se dio cuenta de que sus intentos serían en vano, urdió un plan.

Un día, Apolo vio a Orión bajar al mar para practicar la natación y esperó a que se alejara en el horizonte hasta convertirse en un punto débilmente visible. En ese momento llegó Artemisa y, conversando con ella, su hermano fingió cuestionar su destreza con el arco y la retó a acertar ese punto negro que Apolo le había propuesto. Artemisa, por supuesto, no falló y cuando la corriente marina llevó a la orilla el cuerpo sin vida de Orión, ella, desesperada, lloró todas sus lágrimas. Así que Zeus, despiadado, decidió convertir a Orión en una constelación, la más brillante y conocida, que se asemeja, precisamente, a un cazador blandiendo su arco, dispuesto a lanzar una flecha. Otra versión del mito de Orión cuenta que Artemisa lo hizo matar por un escorpión, porque estaba indignada por su fuga con las Pléyades, siete hermanas de las que se había enamorado. El escorpión fue convertido en constelación por su servicio a Artemisa y el mismo destino tuvieron Orión y las Pléyades.

Otro mito relacionado con los amores de Artemisa es el de Oto y Efialtes, gemelos que supuestamente tuvieron una vida corta. Aloeo era su padre, mientras que su madre, Ifimedea, afirmaba haber quedado embarazada del dios Poseidón. Enamorada perdidamente del dios, iba todos los días al mar a echar agua en su seno, hasta que Poseidón engendró con ella a los gemelos. Oto y Efialtes eran los niños más hermosos desde el cazador Orión y la Tierra los había criado para que se convirtieran en gigantes: ¡con sólo nueve años ya medían dieciocho metros!

Los dos, siendo los mayores admiradores de Artemisa y Hera respectivamente, intentaron escalar el cielo formando un enorme montón de montañas para llegar al Olimpo y secuestrar a las dos diosas. Los Aloadis -como se llamaban los dos gigantes- fracasaron en su empresa y, así, empezaron a fastidiar a los dioses: el más conocido se refiere a Ares, el dios de la guerra, que fue encerrado durante trece meses en un gran vaso de bronce. Si no hubiera sido por la madrastra de los gemelos, que reveló a Hermes el lugar donde estaba encerrado Ares, el dios habría muerto allí dentro.

Artemisa, cansada de esta persecución, decidió poner fin a las trampas de los Aloadis e ideó un plan para que se mataran entre ellos; parecía, de hecho, que era la única forma de acabar con sus vidas. Un día los dos hermanos estaban cazando en el bosque de la isla de Naxos y la diosa en forma de cierva corrió a su encuentro. Oto y Efialtes intentaron derribarla lanzando lanzas contra ella, pero Artemisa, alerta, logró escapar e hizo que ambos se golpearan. Así, acabaron en el Inframundo, donde fueron atados a una columna, uno de espaldas al otro.

El último mito que contamos se refiere tanto a Artemisa como a su hermano gemelo Apolo: los dos, para proteger a su madre, nunca miraban a nadie a la cara. En una época remota en la que no existía una clara distinción entre dioses y hombres, Artemisa y Niobe habían sido grandes amigas, pero pronto se convirtieron en grandes enemigas. Su rivalidad fue causada por la envidia de Niobe que reclamaba los honores divinos, ya que, al haber tenido siete hijos y siete hermosas hijas, a diferencia de su amiga Leto que sólo había tenido a los gemelos Apolo y Artemisa, se consideraba más fértil y más digna que ella. Esta historia no gustó nada a los gemelos de Leto, que, de hecho, querían castigarla por el ultraje que había causado a su madre.

Su castigo se produjo durante una cacería de los hijos de Niobe: Apolo, con su arco de oro, les apuntó a los siete en la cabeza y, enseguida, los hizo caer al suelo muertos. A pesar de la dura pérdida, Niobe no se desanimó porque aún le quedaban sus otras hijas y, de hecho, siguió presumiendo en el Olimpo. En ese momento, Artemisa se vengó y con su arco de plata mató a las siete hijas.

Ante los catorce cadáveres de sus hijos, Niobe se rindió y, desesperada, lloró todas sus lágrimas hasta rogar a Zeus que la convirtiera en roca. Así sucedió: tras un largo periodo de vagabundeo, Niobe acabó en Lidia y allí se produjo la transformación. De hecho, hasta el día de hoy, siguen goteando gotas de agua de la piedra que conserva su forma.

APOLO

APOLO

Hermano gemelo de Artemisa, Apolo es el *dios que transporta el carro del sol*, pero también el dios de la música, las artes, la profecía y la medicina. Partiendo de los orígenes etimológicos y antropológicos, Apolo es uno de los dioses más antiguos jamás creados y guarda varias similitudes con las deidades minoicas y etruscas (por ejemplo, Apulu era un dios adorado por los etruscos): esta es la razón por la que en la mitología romana Apolo no cambia de nombre.

Inicialmente, Apolo debió de estar vinculado al concepto de ganadería, así como a los viajes y a los pobladores, características que el dios conserva a lo largo de los años y que lo relacionan con Poseidón -quizá Apolo y Poseidón fueron la misma deidad y posteriormente se separaron-.

Apolo es hijo de Zeus y Leto, como ya se mencionó; ella quedó embarazada tras una aventura con el padre de los dioses y, como ya se mencionó, fue condenada por Hera a no dar a luz nunca en tierra. Así, Leto encontró en la isla de Delos un artilugio que, según se dice, era el cuerpo flotante de su hermana.

El enfrentamiento con la monstruosa serpiente Pitón que acechaba a Leto es el acontecimiento más famoso vinculado a

Apolo: armado con un arco de oro y flechas de plata -de hecho, también era el patrón de los arqueros-, el dios mató a la serpiente y se apoderó de la cueva en la que se escondía, sin saber que la caverna era la sede del oráculo protegido por Gea. Como todos sabemos, se necesita poco para desatar la ira de la Madre Tierra que, al provocar terremotos, amenazó a Zeus con tener a su hijo encerrado en el Tártaro por la eternidad, de lo contrario habría desatado el pandemónium. El padre de los dioses consiguió resolver la situación exiliando a Apolo durante nueve años, durante los cuales su hijo tuvo que servir a un mortal, Admeto.

Así pues, nada más nacer, Apolo pasó nueve años en el exilio y, tras cometer un sangriento crimen, acudió al Olimpo para purificarse y se vio obligado a presidir una serie de juegos en honor a Pitón. Más tarde, Atenea le ayudó a tomar posesión de la cueva que había desatado la furia de Gea y ese lugar se convirtió en el oráculo de Apolo.

Como hemos mencionado al principio del capítulo, Apolo es también el dios de las profecías: hijo predilecto de Zeus, ha tenido acceso a su mente omnisciente, pero es la apropiación del oráculo de Gea lo que le convierte en el patrón de las profecías. La figura divina de Apolo se completará más tarde, cuando reciba su primera lira; una vez adquirido el instrumento musical, desafiará a Pan en un concurso del que saldrá victorioso, obteniendo el título de dios de la música. Adquiriendo el patrocinio sobre la música, Apolo irá al monte Parnaso, hogar de las nueve musas, y, no sabiendo elegir entre tanta belleza, permanecerá célibe de por vida, dichoso entre las musas por las que tendrá numerosos hijos, entre ellos Orfeo. De este modo, se convertirá también en mecenas de las artes y, en particular, de la poesía.

En cuanto a su aspecto físico, Apolo es llamado Phoebus Apollo, adjetivo que en lengua italiana significa luminoso, resplandeciente: nunca ha llegado a ser poderoso, pero su cuerpo es esbelto y roza lo femenino. Su esencia de niño indica su cercanía a la juventud y, de hecho, es el dios encargado de criar e instruir a los jóvenes héroes.

No es posible hablar de Apolo sin mencionar sus grandes amores, que solían acabar de forma trágica, tanto si estaba unido a un chico como a una chica. Además del rey Admetus, también estaba vinculado a Jacinto, con quien solía jugar al lanzamiento de disco: un día, el dios golpeó por error a su amado con el disco de piedra. De la sangre del amante muerto accidentalmente, brotaría la flor silvestre del jacinto azul. Entre los hijos predilectos de Apolo también encontramos a Ciprés, un niño que había matado sin querer al ser que más amaba, tal y como le ocurrió al dios -todos los niños hermosos son réplicas del propio Apolo-. El ser amado del que hablamos era un ciervo, un animal sagrado tanto para Apolo como para Artemisa; tenía fuertes cuernos de oro y llevaba un adorno de plata en la frente. Un día el animal estaba descansando a la sombra y el cazador Ciprés, al no reconocerlo, lo confundió con un ciervo cualquiera. Lanzó su lanza y, cuando se dio cuenta de que había golpeado a su amada compañera, deseó morir o llorar a su amada por la eternidad. El único remedio que Apolo pudo procurarle fue convertirlo en un triste árbol, el ciprés, un árbol perenne en el que Cyarisso vivirá para siempre.

En cuanto a las doncellas amadas por Apolo, además de las nueve musas, hay que mencionar a una rival: el primer amor del dios fue por Dafne, hija del dios del río Peneo y de Gea. Dafne, cuyo nombre significa laurel o laurel, era una joven salvaje, muy parecida a Artemisa, pero no correspondió al amor de Apolo. Huyendo del dios, veloz y grácil como el viento, Dafne buscó refugio y salvación en sus padres: "Ayúdame, padre, si los ríos tienen algún poder, a disolver estos rasgos míos por los que siento demasiado cariño".

Así, sus piernas se volvieron pesadas, su pelo se alargó en forma de frondas, su cuerpo se estiró hacia arriba y de sus manos empezaron a brotar hojas de laurel. Incluso con esa apariencia, el dios la reconoció y, estrechando sus ramas entre sus brazos como si fueran un cuerpo, le susurró: "Si no puedes ser mi amada, al menos serás mi árbol". Y de ti se adornarán siempre mis cabellos, mi arco y mis flechas". El laurel, en ese momento, asintió con sus ramas recién brotadas y agitó su copa.

Ante Apolo, Dafne se transformó en un laurel, el árbol favorito del dios, que prometió no abandonar nunca y que desde entonces lleva sus ramas en la cabeza como una corona. Aunque su amada ha perdido por completo su aspecto humano, Apolo sigue amándola y la mantendrá para siempre con él, sobre su cabeza. Dafne, que incluso en su nueva identidad sigue despreciando las ofertas de amor de Apolo, muestra su aceptación de esta promesa y da una señal de asentimiento agitando la tapa. El mito quiere hablarnos de la inexistencia de fronteras definidas entre las distintas formas de vida: una pasa a la otra sin problemas, en una transformación continua que une a todos los seres de la creación.

Otro de los amores de Apolo fue la muchacha del océano Climene, con la que tuvo un hijo, Faetón. Los amigos de Faetón comenzaron a burlarse y a mofarse de él porque el joven decía ser hijo del supremo Apolo y no le creían. Mortificado, Faetón rogó a su padre que le dejara transportar el carro del sol, tarea de Apolo, para poder demostrar sus orígenes. Su padre trató de disuadirlo por todos los medios, señalando los peligros del carro y alegando que los caballos eran demasiado turbulentos para él. Faetón insistió tanto que finalmente convenció a su padre y partió con el carro. Una vez en el carro, el joven se asustó al ver el vacío bajo sus pies y los caballos, al no sentir una mano autorizada en las riendas, empezaron a desbocarse, alterando el orden cósmico y perturbando todas las constelaciones. Como era de esperar, los caballos eran demasiado impetuosos para Faetón, que no podía controlarlos.

El carro, enloquecido, se acercó demasiado a la Tierra, quemó montañas y bosques, secó ríos y destruyó ciudades enteras, luego se alejó demasiado y, así, la Tierra comenzó a congelarse. Zeus, por una vez, se apiadó de los hombres y para salvarlos lanzó un rayo a Faetón, que murió y cayó al río Eridanus, el actual Po. Cuando los caballos regresaron a Apolo, las hermanas de Faetón lloraron su muerte, y Zeus, compadecido por su gran dolor, las convirtió en álamos. Sus lágrimas se convirtieron en gotas de ámbar y, hasta el día de hoy, esos árboles permanecen a lo largo de las orillas del río Po custodiando para siempre a ese joven.

HADES

HADES

Comparado con sus hermanos Zeus y Poseidón, Hades en muchos aspectos es bastante desafortunado, basta pensar en las circunstancias de su nacimiento: es el primer hijo varón de Kronos y Rea, por lo que es el hermano mayor de la tríada pero, al ser el primero en ser tragado, será el último en ser rechazado por su padre. A partir de entonces, Hades se convirtió en el menor de los hermanos y, tras la Titanomaquia que ganó gracias a su casco de invisibilidad, los tres hermanos se repartieron el reino y a él le correspondió el reino del inframundo. A pesar de su decepción, Hades aceptó su nuevo papel.

El dios del inframundo era representado como un hombre lujurioso y fuerte, de espesa cabellera negra y mirada severa; en algunas representaciones aparece con el bidente y acompañado por el perro de tres cabezas Cerbero. Nuestra idea de él puede ser negativa, influenciada por los dibujos animados de Hércules, pero Hades, aunque sombrío y severo, reina con firmeza sobre el inframundo, una tierra que nunca abandonará -entre otras cosas, establece una maldición que encarcelaría en el inframundo a cualquiera que comiera alimentos allí.

El mito más famoso sobre él es el del rapto de Perséfone, nombre que significa la gobernante del Inframundo y, de hecho, tal era la doncella, única hija de Deméter. El rapto de Perséfone es la historia de la fundación del reino de los muertos, inconcebible sin su reina.

Hades, enamorado de su nieta Perséfone, la raptó; Zeus se la había entregado sin que Deméter lo supiera. La doncella jugaba en los prados y recogía flores junto a las hijas de Oceanus. También estaba a punto de arrancar el narciso que Gea, con astucia, había hecho brotar por amor a Hades para tentarla. Todos los dioses y los hombres se asombraron ante aquella maravillosa planta, de la que brotaban cien flores y que embriagaba el cielo, la tierra y el mar con su dulce perfume. Asombrada, Perséfone extendió las manos hacia aquella flor como si se tratara de un tesoro de valor incalculable y, de repente, se abrió una sima en el campo de Niseo: el señor del Inframundo saltó de ella con sus caballos inmortales, agarró a la reticente y asustada doncella y la raptó.

De poco sirvieron sus gritos, pues sólo los escucharon Helios y Hécate, la tierna hija de Perseo. Deméter, mientras tanto, buscó en vano a su hija en sus jardines durante diez días; nadie quería decirle la verdad y, sumida en su dolor, no tocó ni la ambrosía ni el néctar, ni se bañó con agua. Sólo a la decimotercera mañana se encontró con Hécate, que le comunicó la noticia: "Deméter, nuestra señora, ¿sabes quién secuestró a Perséfone y alteró tu corazón tan profundamente? Oí la voz, pero no vi al secuestrador". Sin pronunciar una palabra, Deméter se dirigió con Hécate hacia Helios, investigador de los dioses y los hombres. La diosa le preguntó por su hija y el secuestrador. Helios le respondió: "Hija de Rea, Deméter, ahora aprenderás. Lamento tu dolor por la pérdida de la doncella: ninguno de los inmortales es culpable de esto, excepto Zeus, que la dio en matrimonio a su hermano Hades. La raptó violentamente en su carro y la llevó al reino de las tinieblas, sin prestar atención a su grito desesperado. Pero tú, diosa, deja de lamentarte; es inútil alimentar una ira tan insaciable. El Hades reina en un tercio del universo, desde que fue dividido".

Abrumada por el dolor y cegada por la ira hacia su hermano Zeus, Deméter provocó una gigantesca hambruna que puso en peligro a los seres humanos. De nada sirvieron los regalos traídos por todos los dioses: ninguno pudo convencerla de que desistiera de su decisión. Deméter no tenía intención de volver al palacio del Olimpo y la tierra no debía producir ningún fruto antes de poder volver a ver a su hija. Al oír esto, Zeus decidió intervenir y envió al mensajero Hermes a las tinieblas del Inframundo, para que su palabra persuadiera a Hades y condujera a Perséfone de vuelta a la luz de los dioses, para que cesara la ira de Deméter. Hermes lo hizo: fue a Hades y, sin mucho esfuerzo, lo convenció. Hades, obedeciendo a su hermano, dijo a su novia: "Ve, Perséfone. Llega a tu madre con el corazón sereno y no te entristezcas más: no seré para ti un esposo indigno entre los inmortales. Tú reinarás, aunque estés aquí, sobre todos los seres vivos; quien te ofenda y no presente un sacrificio digno, sufrirá el castigo eterno.

Tranquilizada, Perséfone se puso en pie de un salto, dispuesta a volver con su madre, pero fue detenida por Hades que, sin ser visto por Hermes, le hizo comer seis granos de granada. Subiendo al carro tirado por Hermes, Perséfone llegó hasta su madre que la esperaba frente a su templo. La madre, al ver a su hija, se puso en pie de un salto, y Perséfone, por su parte, corrió hacia ella. Mientras se abrazaban, su madre le preguntó si había comido algo en el reino del inframundo, pues sabía muy bien que, si lo hacía, tendría que pasar la mitad de cada año bajo la tierra y sólo podría permanecer con su madre y los demás inmortales durante la mitad restante. Perséfone le contó cómo su marido la obligó a comer seis granos de granada sin ser vista por Hermes y también le contó cómo había sido secuestrada.

Así, durante los seis meses que Perséfone estaba en el reino de los muertos, la naturaleza se adormecía en el mundo y el frío descendía, dando lugar al otoño y al invierno, mientras que durante los seis meses restantes, la tierra volvía a florecer, dando lugar a la primavera y al verano.

Así, Perséfone se convirtió en la esposa de Hades y reina del inframundo.

Entre los numerosos servidores del dios estaban Caronte, el barquero que transportaba las almas de los muertos por el río Aqueronte, Cerbero, el monstruoso perro de tres cabezas y guardián de las puertas del Hades, las Moiras, las tejedoras del destino, Hécate, la diosa de la magia y antecesora de las brujas. Además, en el inframundo estaban los dos antiguos dioses que representaban la muerte y el sueño: Tánatos e Hipnos.

Para juzgar las almas de los muertos había tres jueces, Eaco, Minos y Radamanto, cuya tarea era asignar a los muertos a una de las tres partes del inframundo. El reino de los muertos, en efecto, estaba dividido en tres secciones: los campos elíseos donde iban a parar las almas de los héroes, un limbo llamado Pradera de Asfódelos reservado a la mayoría de las almas y, por último, el Tártaro donde residía el cuerpo torturado del padre de Hades, Kronos, junto con los más viles pecadores, condenados a ser atormentados por la eternidad.

Hades vivía una relación adversa con los héroes y semidioses: le encantaba engañarlos, a pesar de ser un dios neutral. Un mito que se relaciona con él en este sentido es la historia de Orfeo y Eurídice, una conmovedora historia de amor y muerte. Orfeo, considerado el mayor poeta que vivió antes de Homero, fascinó a seres animados e inanimados con el sonido de su lira y la dulzura de su canto y, durante este mito, descendió al Hades con la esperanza de conmover a los dioses y recuperar a su difunta esposa Eurídice.

Instalado en Pieria, Orfeo se casó con la bella ninfa Eurídice y, al mismo tiempo, Aristeo, el que enseñó a los hombres los preceptos agrícolas útiles, incluida la apicultura, se trasladó a Tracia. Este último estaba locamente enamorado de Eurídice y la importunaba continuamente con sus propuestas amorosas; un día, para escapar de Aristeo, tomó un camino a través de los campos, donde fue mordida por una serpiente venenosa escondida en la hierba. La angustia por la inesperada muerte de su amada novia no puede ser narrada: Orfeo se desesperó, vagando como un loco por los desfiladeros de la montañosa Tracia, pero nada pudo calmar su inmensa pena. No pudiendo ya vivir sin ella, decidió viajar al reino de Hades para buscarla, y allí sus trabajadas súplicas sumadas a su lastimero canto fúnebre compadecieron a los dioses del inframundo. Cerberus ya no ladró. Caronte había dejado de transportar almas, Tántalo ya no sentía sed ni hambre y todos los tormentos se habían suspendido. Hades, por primera vez, sintió un sentimiento de piedad en su gélido corazón y, así, concedió a Orfeo la gracia de devolver a su difunta novia a la luz del sol. Con un pacto: a lo largo del camino, nunca debía volver su mirada para mirar a Eurídice.

Orfeo, seguido por su novia, llegó casi al final de la calle subterránea, y cuando empezó a ver el halo que conduce a la luz, no pudo contener más su amor y se volvió para mirar a su Eurídice. En cuanto su mirada se posó en ella, palideció y se volvió transparente como una sombra: "¿Qué locura me arruinó a mí, infeliz, y a ti, Orfeo? El destino me llama y el sueño de la muerte me cierra los ojos. Y ahora adiós: soy arrastrada a la noche profunda y ya no soy tuya, te tiendo mis manos inertes'. En un solo instante, Eurídice se disolvió en la niebla, y la puerta del infierno volvió a cerrarse tras el paso de Orfeo.

De vuelta entre los hombres, Orfeo ya no tocaba su lira ni cantaba: odiaba a todas las mujeres y las trataba con desprecio. Las ménades, ofendidas por su desprecio, se lanzaron un día contra él y lo hicieron pedazos, arrojando su lira y su cabeza al mar. La corriente marina los llevó a las costas de la isla de los poetas, Lesbos.

Además de atestiguar el poder del amor que vence incluso las fronteras de la muerte, el mito tiene un doble significado: por un lado, destaca la virtud de la poesía, que tiene el poder de reanimar incluso a los seres más insensibles, y por otro, subraya la imposibilidad del hombre de realizar sus ideales, que a menudo se desvanecen en el momento en que están a punto de lograrse.

DIONISO

DIONISO

Dioniso es una divinidad muy antigua, que representa la esencia vital que impregna la creación: una vida desprovista de imposiciones, de cánones sociales y muy salvaje. Un mito vinculado a la larga secuencia de muertes y resurrecciones de Dioniso es el de Zagreus, del que se dice que fue el único hijo de Zeus y Perséfone. Como hijo predilecto de Zeus, habría tenido derecho al reino del Olimpo, pero esta afirmación del padre de los dioses despertó la ira de Hera que, celosa como siempre, hizo secuestrar al niño por unos titanes. En un intento de escapar, se convirtió en un toro, pero aun así fue despedazado y devorado por sus captores. Por orden de Zeus, Atenea consiguió recuperar el corazón de Zagreus antes de que fuera devorado, mientras Apolo incineraba a los titanes, de cuyas cenizas, o más bien del humo de las mismas, nació la raza humana. Tras recuperar el corazón de su hijo, el padre de los dioses se lo tragó y poco después dio a luz de su muslo a una deidad en la que seguiría latiendo por la eternidad: Dioniso.

Sin embargo, según el mito canónico, Sémele sería la verdadera madre mortal de Dioniso: ella, princesa de Tebas, era una amante frecuente de Zeus. Ambos se encontrarían varias veces sin que el dios revelara nunca su verdadera identidad hasta que, para indignación de la corte, Sémele quedó embarazada. Las tres hermanas de la chica comenzaron a insultarla, acusándola de estar embarazada de un amante que no la amaba lo suficiente como para revelar su verdadero rostro. Estos insultos fueron seguidos por la anciana enfermera de Sémele, que la instó a tomar una decisión: haría prometer a su amante que se revelaría como lo que realmente era a toda costa. La anciana ya no era su verdadera enfermera, sino Hera, disfrazada, que había descubierto otra traición de su marido.

Aquí la versión del mito se bifurca: según algunos, Zeus habría venido a acostarse una vez más con Sémele que, insistiendo, le pidió que se mostrara. Zeus se habría revelado con su verdadera apariencia divina, insoportable para el común de los mortales, y habría pulverizado a la muchacha. Sin embargo, según otra versión, Sémele habría arrancado una promesa a Zeus: él haría todo lo que la muchacha le pidiera. Y así, imprudentemente, le pidió que se revelara y Zeus se vio obligado a hacerlo, pulverizando una vez más a Sémele. El plan de Hera, por lo tanto, siguió adelante y, tal vez, el hijo de Zeus, aún en su vientre, también tendría que morir. En ese momento, intervino Gea, envolviendo a su bisnieto en un montón de ramas de hiedra que lo protegían del exceso de divinidad de Zeus.

Al conocer la existencia de su hijo, Zeus lo cosió en su muslo hasta el momento de su nacimiento. En ese momento, habiendo completado nueve meses de gestación, Zeus lo sacó de su muslo y se lo confió a Hermes para que lo llevara a las ninfas que lo criarían y alimentarían. El niño recibió el nombre de Dioniso, un nombre que tiene varios significados dependiendo de cómo se interprete: 'el joven de Zeus', que significa el hijo menor del dios, o 'el niño de las dos puertas', que significa nacido dos veces. Otro apodo de

Dioniso es "nacido tres veces", *trigonos*, porque se dice que Zeus, tras comer el corazón de Zagreus y adquirir su esencia, concibió un hijo con Sémele: así, se dice que Zagreus nació primero de Perséfone, luego murió, se reimplantó en el vientre de Sémele con una nueva apariencia, volvió a morir porque el embarazo se interrumpió a medias y renació de nuevo del muslo de Zeus.

Volviendo a nosotros, a Hermes se le encomendó la tarea de llevar al niño Dioniso a las ninfas que lo criarían: las Híades, quizás hermanastras de las Pléyades, eran criaturas buenas y de tan buen corazón que Zeus las recompensó convirtiéndolas en una nueva constelación en el firmamento. Cuando creció, la educación de Dioniso fue seguida también por el hijo de Hermes, Sileno: un anciano jovial, sabio y lleno de sentido común, que nunca lo abandonó. El dios pronto se aficionó a la caza y le gustaba vagar por los bosques y el campo; un día descubrió la vid y, exprimiendo el racimo de uvas en una copa de oro, sacó un licor de color púrpura: el vino, su mayor descubrimiento. Una vez probado, el néctar daba la impresión de hacer olvidar el cansancio y las preocupaciones, y era capaz de dar una ligera sensación de júbilo y euforia. A partir de ese día, se iniciaron numerosas fiestas del vino y ese estado de delirio se convirtió en una norma que pasó a formar parte del culto a Dioniso.

El dios era representado como un joven de rasgos femeninos y rostro pensativo, con una corona de hiedra rodeando sus rizos y una piel de ciervo en las caderas.

DEMÉTER

DEMÉTER

Deméter, hija de Kronos y Rea, es la diosa de la agricultura, la abundancia y es una de las deidades más veneradas por ser la *autora del ciclo de las estaciones*. Como todos los campesinos, tenía un carácter sencillo, vestía con ropa humilde y su moral era intachable; era adorada como una madre benigna y cariñosa. Los cereales y el forraje eran los productos agrícolas que ella consideraba más importantes -de hecho, estos dos elementos permitían al ser humano elevarse por encima de los animales- y su culto estaba muy extendido en Beocia, Tesalia, Corinto y todo el Peloponeso. Ella les dio a los hombres el conocimiento de las técnicas agrícolas como el arado, la siembra y la cosecha.

Deméter tuvo una hija de Zeus, Perséfone, que, como se ha narrado extensamente, fue raptada por Hades y dio origen a las estaciones tal y como las conocemos. A partir de la historia podemos entender la alegría y el dolor de una madre que, por un lado, quería a su hija para ella sola y, por otro, se dio cuenta de que era mejor tenerla sólo seis meses que no volver a verla.

La diosa de la agricultura y de la tierra era representada como una matrona majestuosa y a la vez severa, bella y afable, con una corona de espigas rodeando su cabeza, una antorcha en una mano y una cesta de frutas en la otra.

HESTIA

HESTIA

Hestia es la primera hija de Kronos y Rea, la primera diosa del Olimpo nacida y fue la primera en ser devorada por su padre. Desde su estómago vio llegar a Deméter, Hera, Hades, Poseidón y una roca en orden porque, como sabemos, Zeus no fue tragado. Cuando Zeus hizo rechazar a su padre, ella fue la última en salir del estómago de su padre, quizás para cuidar de sus hermanos menores hasta el final. De ahí que Hestia recibiera dos epítetos muy especiales: la más vieja y la más joven entre los olímpicos, simultáneamente.

La diosa representa la luz y el calor, sobre todo el fuego sagrado, garante de la paz y la prosperidad en las ciudades; asimismo, era la garante de la armonía en el Olimpo.

Hay pocas menciones mitológicas de Hestia: es una de las primeras diosas vírgenes y, además, juró sobre la cabeza de su hermano Zeus que permanecería pura para siempre, ignorando las propuestas de amor de Poseidón y Apolo. Zeus, conmovido o asustado por el juramento, decidió recompensarla reservándole un lugar entre los doce dioses del Olimpo y dedicándole un altísimo honor: como era la primera y la última nacida, le concedió la primera parte de cada comida y sacrificio griego. Por ello, el primer bocado de cada banquete y la primera parte de cada sacrificio debían consagrarse a Estia arrojándolos al fuego del hogar.

Sin embargo, Hestia no siguió siendo diosa del Olimpo durante mucho tiempo: al nacer Dioniso, que se volvía cada vez más peligroso para la vida humana en la tierra, la diosa decidió renunciar a la sede en aras de la paz, permitiendo que éste se convirtiera en uno de los doce dioses del Olimpo.

Un episodio que concierne a su virginidad es el mito que la ve como protagonista junto a Príapo, hijo de Afrodita y famoso por estar dotado de un enorme miembro; la historia tiene lugar después de un festín y narra que Hestia, incauta, se había quedado dormida en un prado. Príapo, al verla e incapaz de contenerse, trató de socavarla y lo habría conseguido de no ser por un asno que, al presenciar la escena, comenzó a rebuznar con fuerza hasta despertar a la diosa. Hestia, comprendiendo la situación, golpeó a Príapo hasta dejarlo hecho polvo, ayudada por los demás dioses del Olimpo. Esta historia tiene en realidad un significado metafórico: las mujeres solían ser maltratadas cuando eran huéspedes, explotando el derecho de hospitalidad. La historia enseña que esto no debe hacerse, sobre todo porque tanto las mujeres como la hospitalidad son sagradas, y hasta un burro, el símbolo griego de la depravación sexual, lo sabe.

Un aspecto interesante de Hestia es su desconocido aspecto físico: se la representaba como una llama o como un círculo, símbolo del brasero.

HERMES

HERMES

En las antípodas de Hestia se encuentra Hermes: ambos son los protectores de la casa, pero el primero está inmóvil, mientras que el otro está siempre en movimiento, y no es casualidad que se le llame el *mensajero de los dioses* -en la entrada se acostumbraba a colocar un herm dedicado al dios, para proteger la vivienda de los malos espíritus, y a dejar el hogar encendido para purificarlo y consagrarlo-.

Nacido de la relación clandestina pero, al mismo tiempo, estable entre Zeus y la pléyade Maia, Hermes nació en una cueva del monte Cillene. Durante su primer día de vida, Maia lo envolvió en pañales y lo puso a dormir, pero al parecer Hermes ya era rápido en todo, incluso en el crecimiento: en el transcurso de la noche se convirtió en un niño muy hiperactivo y salió a escondidas de la cueva, haciendo sus primeras fechorías.

El primer acto que realizó fue matar salvajemente a una tortuga y fabricar, con sus restos, la primera lira de la historia. Más tarde, se encontró con un rebaño de vacas, animales sagrados para Apolo, y decidió robarlas: las hizo caminar sobre sus propias huellas para que parecieran desaparecer en el aire. Cuando Apolo regresó de su rebaño, se dio cuenta de que sus bestias habían desaparecido y, al poco tiempo, descubrió que Hermes había sido el autor de la fechoría. Entonces, se dirigió a la cueva del monte Cillene, pero Maia se puso del lado de su hijo, diciendo que no se había movido de ese lugar. En ese momento intervino su padre Zeus, que reconoció el error de Hermes pero pidió a Apolo que lo perdonara, ya que sólo había nacido hacia veinticuatro horas. A regañadientes, Apolo le perdonó y recibió la famosa lira como regalo de su hermano menor. Por esta razón, Hermes se convirtió en el protector de los músicos.

A partir de entonces, Hermes se unió a las filas de los dioses del Olimpo: fue, de hecho, el penúltimo dios en entrar en ese círculo. Originalmente, Hermes era representado como un anciano con barba para representar la potencia sexual masculina, como podemos ver en el hermes. En los cultos más modernos, Hermes se convirtió en un joven atlético de rostro alegre, vestido con una bolsa de viaje, un sombrero alado y un bastón de viajero alrededor del cual se enroscan dos serpientes, el caduceo. Su principal cometido es ser el mensajero de los dioses: también se le llama Hermes Angelos y, gracias a su función, podía llegar a los lugares más remotos del mundo.

La capacidad de llegar a cualquier lugar a voluntad le ayuda en su tarea como psicopompo, es decir, el que acompaña a las almas de los muertos en su viaje al inframundo -entre otras cosas, podrá entrar y salir del Hades a voluntad- y oniropompo, es decir, el conductor de los sueños, función que le vincula aún más al reino de los muertos. Estas características adicionales le convierten en el dios patrón de los lugares, los viajes, los cambios y las transiciones en todos los sentidos posibles.

También se describe a Hermes como un vigilante nocturno y el más hábil de los ladrones: esto nos lleva a su apodo de Hermes Dorios, el dios del engaño y el camuflaje. Todas estas características están dedicadas al bien de la humanidad, como nos recuerda Homero.

LA ERA DE LOS DIOSES, LOS HOMBRES Y LOS HÉROES

LOS TOPOS LITERARIOS DEL HÉROE

Si la mitología griega se limitara a considerar el origen de la humanidad y de los dioses, los héroes tendrían que ocupar un lugar marginal en ella; sin embargo, los dioses requieren héroes, al igual que la mitología en general, y, de hecho, son protagonistas indiscutibles de su historia. La sutil pero sustancial diferencia entre las leyendas sobre héroes y las de dioses es precisamente ésta: las primeras se refieren al tiempo histórico y no a acontecimientos primordiales, existentes fuera del tiempo.

La palabra *héroe* en la antigua Grecia tiene un significado muy preciso: es una figura que se encuentra exactamente a medio camino entre el mundo de los hombres y el de los dioses. En el lenguaje de la narración, esta doble naturaleza reside en los orígenes del héroe, que, por regla general, es hijo de un ser humano y de una deidad -muy a menudo, es un dios el que concibe un hijo extraordinario junto a una mujer mortal, como fue el caso de Heracles, hijo de Zeus y Alcmena, o como ocurrió con Perseo, también hijo del rey de los dioses y de la princesa Dánae; pero con Aquiles, por ejemplo, ocurrió justo lo contrario: él, de hecho, era hijo del mortal Peleo y de la nereida Tetis.

De sus padres divinos, el héroe hereda la fuerza y la belleza como dones, pero, a diferencia de ellos, no es inmortal ni inmune a la vejez, y ésta no es una diferencia menor. El Olimpo es su patria pero, al mismo tiempo, está aislado de ella porque siempre está viajando por el mundo.

Al igual que los mitos siempre han existido, los héroes también surgieron cuando los primeros hombres, atemorizados por la oscuridad que les rodeaba, comenzaron a transmitir historias para sentirse menos solos; los protagonistas de estas leyendas se inventaron para permitir a los hombres vincularse a una figura menos lejana que los dioses y capaz de dar sentido a su existencia. Sin embargo, el papel de los héroes no estaba reservado exclusivamente a la figura principal de los mitos: cada uno tenía su propio culto y se les invocaba y rezaba, se guardaban celosamente sus reliquias y, con toda esta veneración a cuestas, se esperaba de ellos una palabra de consuelo. Antaño se imaginaba que cada costumbre y cada acción cotidiana, desde sembrar los campos hasta embarcarse en un barco, desde correr en una competición deportiva hasta encender un fuego, seguía la estela de un héroe que alguna vez había hecho lo mismo. Es la acción del héroe la que da sentido y orden al universo de los hombres, dándoles el consuelo de actuar sobre la base de una tradición y no de andar a tientas en el vacío.

El lado negativo, si podemos llamarlo así, de todo héroe es la desmesura: en su figura siempre se cierne algo siniestro capaz de perturbar nuestra alma porque supera al ser humano en todos los sentidos, en belleza, fuerza, altura, violencia, etc. Hablamos de la ira insaciable de Aquiles, del deseo de Teseo de poseer a cualquier mujer y de la sed de conocimiento de Ulises, característica que le llevará al interminable viaje antes de su regreso a casa. Por último, tenemos al antihéroe Jasón, un inepto que no se siente a la altura de las circunstancias y se ve arrojado a un mundo más grande que él, en un viaje caótico que lo inmovilizará.

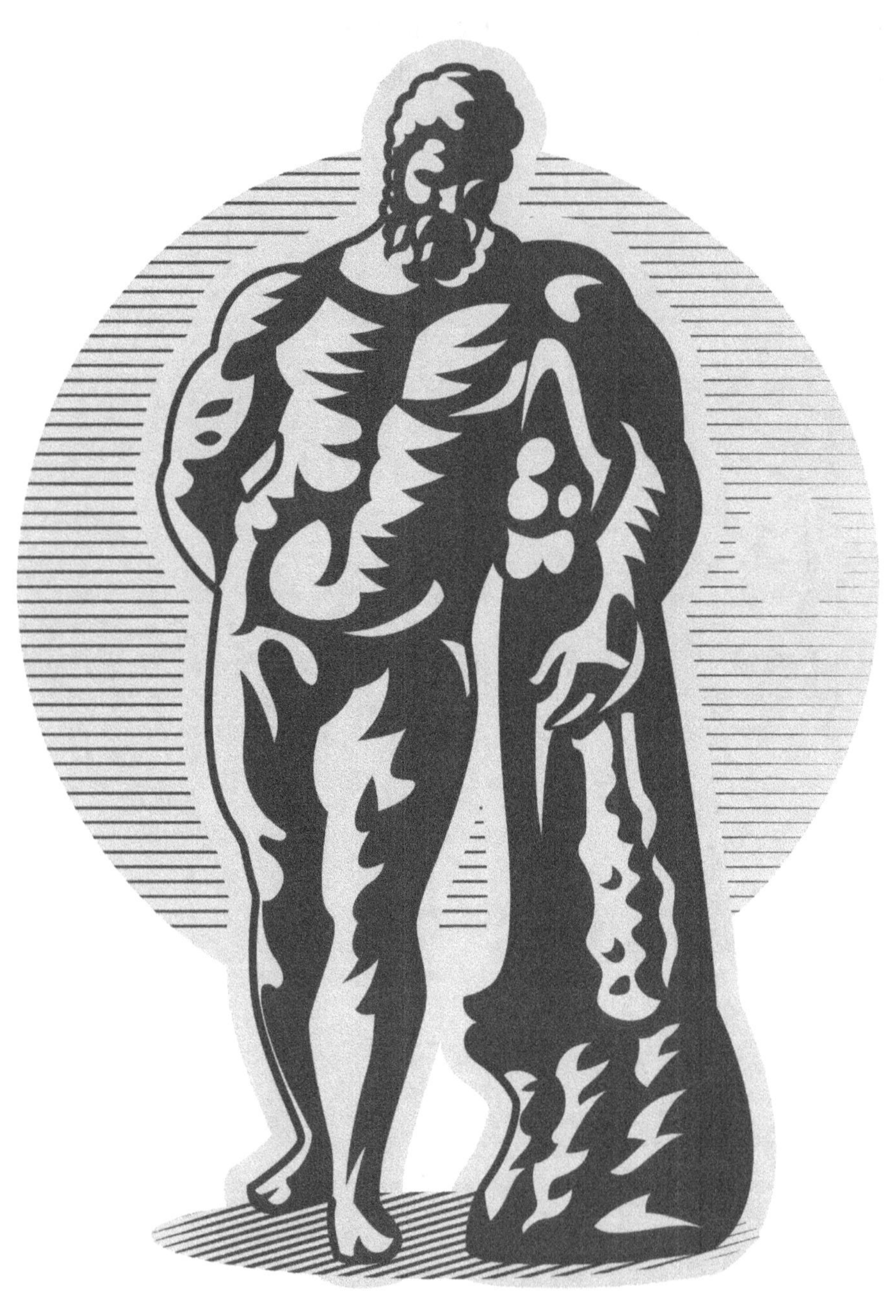

HERACLES

EL HÉROE HERACLES

Heracles es el héroe civilizador por excelencia: los latinos afirmaban que había decretado el inicio de una nueva era de progreso y, cuando se piensa en él, se piensa automáticamente en su fuerza, su valor y los doce trabajos que tuvo que afrontar. En el imaginario común vemos al héroe en todo su esplendor con una piel de león sobre los hombros mientras decapita dragones, decapita enemigos y carga el mundo sobre sus hombros, ocupando el lugar del titán Atlas.

Desde sus primeros días, quedó claro que Heracles era un niño diferente a los demás: mientras dormía plácidamente en su cuna, dos gigantescas serpientes negras se deslizaban hacia él. Aquellas bestias no eran serpientes cualquiera, sino que habían sido convocadas por la diosa Hera, celosa de la enésima aventura de su marido, que varias veces, de hecho, intentó dar caza a los hijos nacidos de las traiciones de Zeus. No parecía haber escapatoria para el pequeño, hasta que de repente se despertó del sueño y, armado de un coraje mezclado con una fuerza increíble, agarró a las dos serpientes, una en cada mano, estrangulándolas.

La fama de su fuerza y sus hazañas se había extendido a todos los rincones de la tierra; sin embargo, la esposa de Zeus estaba decidida a hacer pagar a su marido por sus traiciones: poco importaba que se perdieran vidas inocentes en el proceso; al fin y al cabo, los dioses son insensibles al dolor de esas criaturas. Así, Hera infundió *la locura* en el alma de nuestro héroe, una enfermedad que le haría realizar actos horribles como matar a toda su familia, niños incluidos. Este episodio, a pesar de que Eurípides, el dramaturgo autor de las hazañas de Heracles, lo sitúa después de los doce trabajos, fue muy probablemente el desencadenante de estos últimos. En un delirio, Heracles mató a sus tres hijos y a su esposa; estaba a punto de lanzarse sobre Anfitrión para matarlo cuando apareció la diosa Atenea y, golpeándole en la cabeza con la piedra de la moderación, el *lithós sphronister*, consiguió hacerle caer en un profundo sueño.

Al despertar, nuestro héroe no recordaba nada, pero pronto se dio cuenta de la horrible culpa que le mancharía para siempre: tenía que expiar sus pecados. La diosa Atenea, además de hacerle entrar en razón, le mostró el camino de la redención, que consistía en someterse a Euristeo, gobernante de Micenas y Tirinto. Además de esta terrible humillación para el hijo de Zeus, Heracles tuvo que aceptar todas sus órdenes, incluida la petición de realizar hazañas imposibles que le llevarían a los confines del mundo y al reino de los muertos para domar a varios monstruos; hazañas conocidas como los *doce trabajos de Heracles*.

Dispuesto a hacer lo que se le pedía, nuestro héroe no tuvo más remedio que aceptar la petición y encomendarse a la sabia Atenea. El primero de los doce trabajos fue la captura del *león de Nemea*: en un pasado lejano, los valles de Grecia estaban atravesados por leones, que eran cazados por los señores de las ciudades. Pero el león que vagaba por el Peloponeso, cerca de la ciudad de Nemea, era una bestia gigantesca y monstruosa, capaz de sembrar puro terror entre los hombres. Se dice que es fruto de la unión entre la dragona Echidna y el perro Ortro, dos criaturas mitológicas. Sin embargo, según otros relatos, el león había caído de la luna a la tierra y era, por tanto, una criatura invencible para todos menos para nuestro héroe.

Heracles llegó hasta el bosque de Nemea y descubrió la profunda guarida del león; la morada del animal tenía dos salidas y, para matarlo, Heracles bloqueó una de ellas y luego descendió por la otra. Armado con un arco y un garrote, el héroe estaba listo para disparar la flecha en cuanto divisara a la feroz bestia. Con un rugido aterrador y repentino, el león apareció ante él: las flechas disparadas por Heracles no dañaron al animal, sino que sólo lo pusieron nervioso. Dispuesto a atacar, el león de la melena de fuego dio un salto, pero Heracles consiguió adelantarse a él, golpeándole de lleno en la cabeza con su garrote.

Pisoteado, el león de Nemea fue desollado y su piel invulnerable se convirtió en el símbolo distintivo de Heracles, que se la echó encima como un manto. También él, triunfante sobre el rey de los animales, se vio animado por algo que lo asemejaba a las bestias: el propio Heracles se convirtió en un león. Zeus, para honrar a su hijo, se llevó la bestia de Nemea al cielo como recuerdo: se convirtió en el signo zodiacal de Leo. Una vez cumplida su primera misión, el héroe arrastró el cadáver del animal hasta Micenas, pero Euristeo, demasiado asustado, se negó a mirarlo y, bien escondido tras una columna, le ordenó que emprendiera su segunda misión.

En el pantano de *Lerna* habitaba una enorme serpiente de cincuenta o quizás cien cabezas: la *hidra de Lerna*, o la bestia del agua. Cada vez que se cortaba una cabeza, surgían otras tres idénticas. Matar al monstruo sería el segundo esfuerzo de Heracles, que se hizo acompañar por su sobrino Iolaus, hijo de su hermanastro Ificles. Mientras Heracles se disponía a cortar una de las cabezas de la hidra, su sobrino debía quemar el cuello cortado de la bestia con una antorcha para evitar que crecieran más. La tarea estaba llegando a su fin hasta que un enorme cangrejo emergió del pantano y apuntó al pie de Heracles; el crustáceo, además de tener un mal final, fue llevado entre las estrellas por la diosa Hera, que creó el signo zodiacal de Cáncer.

El tercer, cuarto e incluso quinto intento de Heracles le llevó a enfrentarse a otros monstruos animales: su tarea consistía en capturar *la cierva Cerinea* de cuernos dorados, un animal sagrado para Artemisa. Durante todo un año fracasó en su misión y la persiguió hasta el límite del mundo conocido, en la tierra de los hiperbóreos. Allí, la exhausta cierva se detuvo y, sin perder tiempo, Heracles le disparó sus flechas. La tercera hazaña la realizó cuando llevó los cuernos de oro ante Euristeo, que le dio la orden de capturar vivo al *jabalí de Erimanteo*, que asolaba los campos de los campesinos cerca de las montañas del Peloponeso. Una vez cumplida la cuarta tarea, Heracles tuvo que cazar las feroces aves del *lago de Estínfalo*, aves tan feroces como los fieros leopardos. Estas aves solían abalanzarse sobre los hombres con sus afilados picos y, tras cada ataque, se retiraban al bosque. Entonces Heracles se acercó al bosque y, haciendo sonar una campana de bronce, espantó a los pájaros. De este modo, podía apuntarles con su arco y matarlos uno a uno.

La sexta tarea, mucho más extraña que todas las demás juntas, requería que el hijo de Zeus limpiara *los establos de Augías*, el rey de la región de Ilia. El estiércol de sus inmensos rebaños de bueyes y ovejas plagaba toda la región y, por ello, Heracles tuvo que sumergirse en este humillante trabajo. Con paciencia, superó incluso esta prueba y luego volvió a luchar contra otras bestias salvajes.

La siguiente tarea consistía en capturar al majestuoso *toro de Creta* que, según se dice, fue el que se alió con Pasífae para dar a luz al Minotauro y que luego sería asesinado por el héroe Teseo.

En el norte de Grecia le esperaba la octava tarea; en Tracia reinaba Diomedes, un gobernante que poseía varias yeguas muy especiales: de hecho, eran carnívoras. Una tarea bastante ardua la de domar a las *yeguas de Diomedes*, pero que Heracles consiguió llevar a cabo.

Desde Tracia, pues, el héroe se dirigió hacia el este, donde le esperaban las amazonas, las mujeres guerreras. La novena tarea era apoderarse *del cinturón de Hipólita*, de la reina de las Amazonas. Tras desembarcar en Asia con algunos compañeros, Heracles se vio frustrado una vez más por Hera, que estaba decidida a verle fracasar. La diosa, de hecho, asumió la apariencia de una amazona y corrió a advertirles a todos, alegando que los extranjeros recién llegados pretendían secuestrar a su reina. Armadas hasta los dientes y montadas en sus corceles, las amazonas estaban listas para enfrentarse a sus enemigos. La batalla no fue en absoluto sencilla: las mujeres lucharon con una furia sin precedentes y supieron utilizar el arco mejor que nadie. A pesar de ello, Heracles consiguió matar a su reina y arrebatarle el famoso cinturón de su cadáver.

Euristeo estaba ahora desesperado: aparentemente, ninguna hazaña era insuperable para Heracles. Decidido a verlo fracasar, el rey lo envió a los confines del mundo, a un lugar aún más lejano donde ningún ser había ido antes. En el lejano oeste estaba la isla del ocaso, Eritia, donde vivía un monstruo llamado Gerión. Su aspecto causó un inmenso terror, pues de sus dos piernas brotaron tres cuerpos diferentes, dotados de una fuerza extrema. Gerion también poseía un rebaño de bueyes de pelo rojizo, que dejaba pastar bajo la atenta mirada del perro bicéfalo Ortro. La tarea de Heracles fue apoderarse de *los bueyes de Jerión* y llevarlos a Euristeo; así, cruzó el estrecho que divide el Mediterráneo del Océano y erigió las infames Columnas de Hércules como señal de su paso. Una vez desembarcado en la isla, el héroe mató al perro Ortro con un golpe de su garrote y abatió con flechas a Gerión, que se empeñó en defender su ganado. Conduciendo bueyes, inició el temerario viaje de vuelta: en tierras ligures, fue atacado por unos nativos que le habrían dominado de no ser porque Zeus, desde las alturas del cielo, lanzó una lluvia de piedras contra los asaltantes; a orillas del Tíber, un gigante llamado Caco intentó robarle el ganado y Heracles acabó matándolo. Tras interminables aventuras, el héroe se presentó ante el rey y le entregó el ganado, que fue sacrificado a la diosa Hera.

No satisfecho, el rey de Micenas le ordenó que partiera de nuevo hacia el lejano oeste, al jardín de las Hespérides, las ninfas hechiceras. La tarea de estas doncellas era custodiar el árbol de las manzanas de oro que Gea había cultivado como regalo de bodas para Zeus y Hera. La undécima tarea de Heracles era robar *las manzanas de oro de las Hespérides* y llevarlas a Euristeo. Aquí, el mito se bifurca: algunos dicen que el héroe se embarcó una vez más, superando las famosas columnas; otros, sin embargo, dicen que Heracles pidió al titán Atlas que ocupara su lugar en el empeño y, a cambio, sostendría la bóveda del cielo sobre sus hombros. Se dice, además, que el titán ya no quiso retomar su desagradable trabajo y propuso a Heracles que él mismo llevara las manzanas al rey. Heracles, que ya había adivinado la trampa, fingió estar de acuerdo y pidió a Atlas que le ayudara a acomodar mejor el mundo sobre sus hombros: el ingenuo titán colocó por un momento las manzanas en el suelo para ayudar al héroe que, veloz como un rayo, cogió la fruta y salió corriendo.

Parecía haber realizado todas las hazañas imaginables, pero aún le quedaba una última aventura: para completar su viaje de expiación, Heracles debía descender al inframundo y capturar a *Cerbero, el perro de tres cabezas* que custodiaba el infierno. Ayudado por Atenea, una vez que llegó a las puertas del reino de los muertos, Heracles consiguió abrirse paso hasta el perro infernal -Caronte, de hecho, le dejó pasar y tuvo que pasar un año entero encadenado para cumplir su condena. Al enfrentarse al héroe con garrote en mano y cubierto con una piel de león, Cerbero corrió y se escondió bajo el trono de su amo, Hades. Así, Heracles llegó a la presencia de los amos del Inframundo y lanzó una piedra a Hades, que huyó despavorido. Sólo Perséfone permaneció para mirarle a los ojos, pero nadie sabe realmente lo que había sucedido en el inframundo. En cualquier caso, el héroe consiguió llevar a Cerbero ante el rey de Micenas.

Heracles había expiado por fin su culpa: los doce trabajos estaban cumplidos y había demostrado que los dioses, a pesar de todo, estaban de su lado. Excepto Hera, por supuesto, que albergaba un odio visceral hacia él. Atenea era la diosa que, silenciosa y atenta, había sido una constante a lo largo de sus hazañas y había sido capaz de infundirle valor, dándole valiosos consejos sin ocupar nunca su lugar.

Tras regresar del reino de los infiernos, Heracles recibió el apodo de *Calisto*, que significaba *por la bella victoria*. De todos los héroes y dioses, sólo él fue apodado Calisto, ya que había logrado vencer a la muerte. Todos los rincones del mundo conocido tenían huellas del paso de Heracles: desde el lejano oeste, más allá de las Columnas de Hércules, hasta la tierra más oriental donde había luchado contra las Amazonas. Y este mundo no era el único que conocía la gloria del héroe; el mundo divino también había llegado a conocer su valor y su grandeza.

Además de la captura de Cerbero, luchó en Pilos entre los muertos, hirió a Hades con una flecha, y en esa ciudad del Peloponeso, el héroe mató a Periclímeno, el hermano del rey de Pilos. Podía adoptar cualquier forma y solía transformarse en águila, luego en oso, luego en león y luego en mosca. Gracias a la ayuda de Atenea, Heracles consiguió aplastarlo con su garrote, ya que Periclímeno, en forma de abeja, se había posado en el yugo de su carro. En el reino de los muertos, Heracles podía entrar y salir a voluntad y este aspecto le hizo ser conocido como el *que salva de la muerte*. Una vez se encontró cara a cara con la cabeza de Medusa, la más famosa de las Gorgonas, dotada del poder de petrificar a cualquiera que la mirara a los ojos.

En el reino de los muertos, Heracles también se encontró con el alma de Meleagro, un joven cuya vida había estado inextricablemente ligada a un trozo de madera, hijo de la princesa Althea y del dios de la guerra Ares. Al nacer Meleagro, los tres Moyres, que, como sabemos, eran los dioses del destino, se presentaron en el palacio: el primero, Klotos, dijo que el niño se convertiría en un hombre de nobles sentimientos; el segundo, Lachesi, profetizó que tendría la fuerza y el valor equivalentes a los de un héroe; finalmente, el tercero, Atropos, con un canto disonante proclamó: "Meleagro vivirá sólo hasta que se consuma esa madera". Altea, asustada, sacó la madera de las llamas y la escondió en un lugar seguro, para preservar la vida de su hijo. Meleagro se convirtió en un hombre fuerte y valiente como predijo la segunda Moira y tuvo sentimientos de amor por Atalanta, una mujer criada por animales salvajes y dedicada a la caza. Sin embargo, Atalanta no quería casarse con nadie y cuando apareció en una partida de caza contra el jabalí de Caledonia, todos los héroes se alborotaron: nadie quería compartir una experiencia así con una mujer, incluido Heracles. Meleagro fue el único que tuvo una reacción diferente, ya que estaba locamente enamorado de Atalanta; tras varios días de protestas, consiguió convencer a sus compañeros y salieron todos juntos a la caza, incluida la doncella. Fue ella quien consiguió acertar al jabalí atravesándolo con una flecha, y cuando llegó el momento de repartir los restos del animal, Meleagro le dio las partes más codiciadas. Las protestas de sus hermanos no hicieron más que degenerar en una furiosa disputa y Meleagro acabó matándolos. Cegada por la rabia, su madre Altea no se lo pensó dos veces y arrojó la famosa madera al fuego, con lo que Meleagro descendió al país de los muertos. Fue allí donde Heracles se encontró con él y, al no reconocer la sombra, estuvo a punto de acertarle con sus flechas, pero Meleagro, con voz melancólica, le amonestó: "¡Detente, hijo de Zeus! No desperdicies tus flechas en las almas de los muertos, que no tienen sustancia". Los dos se reconocieron y lloraron por el triste destino de los mortales. "Lo mejor para un hombre", dijo Heracles, "es no nacer nunca".

Resulta extraño pensar que, después de tantas hazañas, fuera un muerto quien pusiera fin a las aventuras de Heracles. Meleagro, despidiéndose de él, le pidió que cuidara de su hermana Deianira: "He dejado a Deianira en casa, en el esplendor de su juventud; ella no conoce los encantos de Afrodita y, para mí, será un honor que seas su esposo". Para Heracles, sin embargo, eso no sería una alegría: el dios del río Aqueloo se había enamorado de la doncella y el héroe debía derrotarlo.

Una vez que hubo vencido a su rival en el amor, Heracles cargó a la joven Deianira en su carro, pero, al volver a casa, encontró su camino bloqueado por otro río, el Licorma. Allí estaba el centauro Nessus, cuya tarea era transportar a los viajeros a la otra orilla. Llevando a la hermosa Deianira, el lascivo centauro no pudo contenerse y extendió sus manos sobre su cuerpo. Heracles no pudo soportar tal insulto y, con una flecha, golpeó el pecho de Neso, matándolo. Justo antes de la expiación, el centauro susurró a Deianira: "Quiero hacerte un regalo, en homenaje a tu belleza.

Aquí, recoge la sangre que brota de la herida y guárdala: si impregnas una túnica con esta sangre y haces que tu marido la lleve, ganarás su lealtad para siempre. No volverá a mirar a ninguna otra mujer".

Estupefacta, Deianira vació una botella que llevaba consigo y recogió unas gotas de sangre de Nessus y, una vez en casa, la guardó en una caja de bronce. Continuando con la tortura de pensar en la promesa del centauro, Deianira se ilusionó con que nunca llegaría el día en que tuviera que poner a prueba esa poción de amor. Los dos se amaban con locura, o eso parecía.

Pero un héroe como Heracles no podía ser monógamo: su hambre de sexo era tan insaciable como su hambre de aventuras. Se decía, de hecho, que cuando fue a la ciudad de Hecalia, donde vivía la princesa Iole, quiso casarse con ella. Sin embargo, ningún padre quería entregar a su hija en matrimonio a Heracles, sobre todo después de la tragedia que supuso el exterminio de toda su familia. El único hombre que estaba a favor del matrimonio era Ifito, hermano de Iole; después de compartir algunas aventuras con él, Heracles volvió a ser presa de la locura y lo mató, arrojándolo desde las murallas.

Para expiar sus pecados, el héroe fue al templo de Apolo, pero estaba tan cubierto de sangre que la profetisa del dios se negó a recibirlo. Heracles, furioso, destrozó el templo con su garrote y desató la ira de Apolo, que descendió del cielo para enfrentarse a su hermanastro. Zeus tuvo que bajar del trono divino para interrumpir la lucha y obligó a la profetisa a dar su respuesta. Para expiar el asesinato de Ífito, Heracles tuvo que convertirse en siervo de una mujer durante tres años: una prueba humillante para un héroe de su calibre. Obligado por su padre, se vio obligado a servir a la reina de Lidia, Onfalia, que le obligó a vestirse de mujer con collares y brazaletes.

Tres años después era libre, pero aún no había olvidado a Iole: se dirigió a la fortaleza de Ecalia, asolándola y llevándose a la princesa. Deianira, que mientras tanto le esperaba en su casa, vio a su marido entrar en la ciudad en compañía de la bella Iole, de pie y orgullosa sobre el carro. La princesa no parecía una prisionera, sino más bien la nueva dueña. Además, Iole era muy joven, mientras que la belleza de Deianira se desvanecía. Su hombre seguía siendo guapo a pesar de su edad, pero para ella, el amor se estaba agotando miserablemente. Deianira se vio ya desechada, abandonada, y entonces decidió utilizar la poción de amor de Nessus.

Con la sangre del centauro, la novia de Heracles empapó una túnica y se la envió a su marido, con la esperanza de ganar su atención. Sin embargo, la túnica recién puesta no tardó en revelarse como lo que era: un instrumento de muerte devorador de carne. Entre espasmos de dolor, Heracles recordó una antigua profecía sobre él: "Mi padre Zeus me había revelado que no caería a manos de una persona viva: tendría que ser un habitante del inframundo el que me matara. Y he aquí que el centauro cumple la profecía: él, muerto, me mata a mí, vivo'. Cuando se dio cuenta de que la astucia del centauro era la causa de su enfermedad, Heracles expresó sus últimos deseos al primogénito que tenía con Deianira, que entretanto se había suicidado.

Como primer deseo, el héroe pidió que se erigiera una pira funeraria y como segundo pidió que su hijo se casara con la bella Iole. Heracles quería ser quemado, y así sucedió: su hijo había levantado la pira pero no tuvo el valor de prenderle fuego, por lo que el héroe tuvo que esperar la ayuda de un desconocido que pasaba por allí. El destino quiso que este peregrino fuera Filoctetes, a quien Heracles le entregó su arco para agradecerle que pusiera fin a su dolor. Se dice que el héroe había ascendido al cielo en una nube, pasando por la puerta que estaba cerca de Sagitario, el centauro transportado al firmamento. No quedó nada de Heracles en la tierra, ni siquiera un montón de cenizas.

Según Homero, el verdadero Heracles estaba en el Olimpo entre los dioses, donde fue dado en matrimonio a Hebe, la diosa de la eterna juventud e hija de Hera. En el Hades, sin embargo, sólo queda una sombra errante de Heracles, que se encontrará con Odiseo en el undécimo libro de la Odisea.

TESEO

EL HÉROE TESEO

La historia de Teseo no sólo trata de la seducción, sino también de las violaciones cometidas con violencia gratuita: el héroe no se detendría ante nada para hacerse con las mujeres que le interesan. No amaba a ninguna en particular, sino a todas, y le interesaba el placer de la posesión por sí mismo.

Dicho esto, Teseo era hijo de Poseidón y de Etra, la princesa de Trezene; algunos dicen que su verdadero padre era Egeo pero, tal vez, Poseidón y Egeo sean dos caras del mismo señor que baña las costas de Grecia. En cualquier caso, Etra dio a luz a su hijo sola, ya que su padre decidió regresar a Atenas, pero, justo antes de partir, enterró sus sandalias y su espada bajo un enorme peñasco y le dijo a la princesa que su hijo, una vez crecido, podría demostrar su linaje real moviendo el peñasco y presentándole esas armas.

Así, Teseo se crió como un príncipe en el palacio de Trezene, lejos de su padre, y cuando cumplió dieciséis años recuperó sus sandalias y su espada para demostrar su valor. Recogiendo su arma y poniéndose los zapatos, Teseo partió hacia Atenas, despidiéndose de su melancólica madre, que lo vio alejarse.

Su viaje a la madurez acababa de empezar: A lo largo del camino, encontró y derrotó a numerosas amenazas, entre ellas el gigantesco Perifete que, con su garrote de hierro, solía acribillar a los caminantes; Sini, un ladrón que, atando sus pies a dos árboles doblados y soltando luego estos últimos, despedazaba a sus víctimas; un jabalí llamado Cerda Crommione que hacía estragos en ese mismo lugar; finalmente, Scirone que obligaba a los peregrinos a lavarse los pies y luego los dejaba caer en las fauces de una tortuga marina.

A pesar de todos los peligros a los que se enfrentó, Teseo llegó a Atenas con una mirada ardiente; la noticia de sus hazañas se había extendido por la ciudad y los atenienses estaban asustados por el joven que había conseguido derrotar sin ayuda a tantos adversarios. Egeo, que no había reconocido a su propio hijo, estaba inquieto, pero Medea, sin embargo, se había dado cuenta de quién era el extraño e ideó una traicionera estratagema para eliminarlo: quería evitar a toda costa que le quitaran el trono a Medo, el hijo que había tenido con Egeo. Su plan consistía en enviar al héroe en una misión mortal: capturar al Toro de Maratón, que se ensañaba con los campos y sembraba el terror entre los habitantes. En el camino a Maratón, Teseo fue sorprendido por una tormenta eléctrica, pero afortunadamente logró encontrar refugio en la casita de una dulce abuela llamada Ecale. La anciana le acogió como a un nieto y ambos intercambiaron largas conversaciones durante esa noche. Al amanecer del día siguiente, Teseo la saludó con un beso y le prometió que volvería con el toro. Así lo hizo: capturó a la feroz bestia, pero cuando regresó a la cabaña de Ecale la encontró muerta sobre la cama. Sus días habían terminado, los dioses se la habían llevado con ellos. Para mantener vivo su recuerdo y la gentileza con la que le acogió en su casa, Teseo consagró un templo a Zeus.

A pesar del luto, el héroe regresó triunfante a Atenas y sacrificó el toro a los dioses. En ese momento Medea, furiosa por no haber tenido éxito en su empresa, ideó otra estratagema mortal que compartió con Egeo: su intención era envenenar al muchacho con un líquido que ella misma prepararía y luego vertería en su copa. Teseo fue entonces invitado a la corte, donde se sentó ante su padre, que seguía sin reconocerlo. Fingiendo ser bondadosa, Medea le vertió el líquido venenoso, pero justo antes de que los labios del héroe tocaran la copa, su padre finalmente lo reconoció: "Detente, hijo. No bebas". Se fijó en las sandalias de los pies del muchacho y en la espada que había desenvainado para cortar un trozo de carne. Medea fue exiliada y sólo se recuerda la leyenda de su maldad, mientras que Teseo se reunió con su padre.

La mayor y más famosa aventura de nuestro héroe es el descenso al Laberinto. La historia tiene su origen en la ira de Minos, el rey de Creta, que acusó a Egeo de haber matado a su hijo Adrogeo en circunstancias misteriosas. Para expiar esta muerte, se dice que Apolo aconsejó a los atenienses un tratado: a partir de entonces, cada nueve años, debían enviar a Creta siete niños y siete niñas que serían encerrados en el Laberinto para ser sacrificados al Minotauro. Sabiendo que iban a encontrar una de las muertes más horribles, los catorce jóvenes subieron al barco que los llevaría a Creta, llenos de desesperación. Los cretenses también miraban a su rey con odio por aquel sangriento tratado, y en Atenas, mientras tanto, Egeo mantenía a su hijo favorito a salvo en sus habitaciones.

Cuando, por tercera vez, les tocó el turno a otros catorce adolescentes, Teseo no pudo seguir de brazos cruzados y decidió, ignorando la consternación de su padre, que él también se iría. Acompañado por los dioses Poseidón y Apolo, que tanto le habían apreciado, también rogó a Afrodita que nunca le abandonara. También se dice que Teseo sustituyó a dos doncellas por dos de sus amigos y las disfrazó para que nadie pudiera distinguirlas. Al llegar a Creta por mar y ser recibidos por Minos que, despectivamente, se encontraba en la cubierta con las piernas abiertas, los chicos estaban preparados para enfrentarse al Minotauro.

Entre los innumerables hijos de Minos estaba Ariadna, una delicada doncella que vivía en las sombras del palacio y que aún no había conocido el amor. Ariadna se enamoró de Teseo en cuanto lo vio pisar la playa y por ello traicionó a su padre para salvar la vida de su amado -Teseo había hecho bien en rezar a la diosa del amor, Afrodita-. Y fue precisamente el poder del amor lo que le permitió vencer al Minotauro. Nadie había salido nunca de aquel tortuoso laberinto, pero Ariadna conocía sus secretos y, tal vez por consejo de Dédalo, el creador del laberinto, tuvo una idea ingeniosa: un ovillo de hilo sería suficiente para salir de allí. Teseo tendría que unir un extremo a la salida y, rebobinándolo, encontraría el camino de vuelta. No se sabe cómo consiguió matar al Minotauro: según algunos, Teseo le rompió la cabeza, otros dicen que lo golpeó con los puños. En cualquier caso, sólo él podía lograr tal hazaña, ya que el Minotauro era inmune a los ataques de las armas de guerra. El cadáver del monstruo permaneció allí, traicionado por su hermanastra.

Teseo consiguió salir sano y salvo del laberinto; convocó a sus compañeros y, junto con Ariadna, partió de la isla. Abandonando los horrores del laberinto, la nave ateniense desembarcó en la isla de Naxos, en el archipiélago de las Cícladas, donde los muchachos hicieron una parada. Ariadna se dejó caer en la playa y se quedó dormida, víctima, tal vez, de un profundo y mágico sueño que no la despertó ni siquiera cuando todos reanudaron su viaje. Cuando despertó, la arena estaba cubierta por una fina capa de escarcha y su amor Teseo ya no yacía a su lado. Sola y abandonada, la historia de Ariadna dio lugar a la expresión *plantar en Naxos*, a partir de un malentendido de la frase plantar en Naxos.

De vuelta a Creta, dejamos a Minos incrédulo y furioso por la muerte del Minotauro: descargó su ira contra el artista de la corte, el astuto Dédalo, acusándolo de ser cómplice en la fuga de Ariadna. Así que lo encerró en el laberinto, junto con su hijo Ícaro. Otra versión dice que los dos fueron encerrados tan pronto como se completó el laberinto, ya que eran los únicos que conocían su estructura. En cualquier caso, el ingenio del artista fue capaz de superar cualquier dificultad: sin el hilo, sabía que no era posible escapar de aquella prisión al aire libre, así que ideó otro plan. Construyó alas de cera para él y su hijo, para que juntos pudieran emprender el vuelo y escapar del laberinto. Dédalo había aconsejado a su hijo: "Ten cuidado, querido Ícaro, no vueles demasiado cerca del sol, si no tus alas se derretirán". Como sabemos, los niños casi nunca escuchan a sus padres y, de hecho, el calor del sol derritió las alas de Ícaro, haciéndole caer en picado desde una altura inmunda. Casi consciente del destino de su hijo, Dédalo se despidió de él entre lágrimas. Tras recuperar el cuerpo de su hijo, lo enterró en una región del Egeo que aún lleva el nombre de Icaria.

Mientras tanto, Teseo llegó a Atenas a bordo de la nave, pero se olvidó de hacer cambiar las velas y no puso las blancas, símbolo de la victoria: su padre, al ver el color negro que ondeaba en el mástil y pensar que su hijo había muerto, se arrojó desde la acrópolis y murió en las rocas. A pesar de su gran pérdida, Teseo estaba dispuesto a gobernar y como rey de Atenas se mostró sabio y equilibrado. Cuando no estaba ocupado gobernando, el héroe se dedicaba a las doncellas, su actividad favorita. En sus actividades de seducción, a menudo le acompañaba Pirro; al parecer, ambos se enamoraron de Perséfone, la reina del Inframundo. El reino del inframundo no disuadió a los dos que decidieron secuestrarla, sin embargo, Hades descubrió sus intenciones, los convirtió en estatuas y, de no ser por Heracles, habrían pasado la eternidad en el inframundo.

Otro intento de violación fue realizado sobre la bella Helena, la que se convertiría en la causa de la Guerra de Troya. Al parecer, Teseo tenía ya cincuenta años, mientras que ella era todavía una niña y, como tal, bailaba con las jóvenes de Esparta en el templo de Artemisa. Teseo y Pirita, rápidamente, se acercaron al templo y la secuestraron, huyendo de los espartanos. Al llegar a un lugar seguro, jugaron a los dados con la niña: quien ganara se quedaría con ella. Teseo ganó la partida y, aunque no conocemos los detalles de la noche que pasó con la muchacha, el episodio ciertamente no honra al rey.

Entre las innumerables amantes de Teseo estaba la princesa de las Amazonas, Hipólita. De su matrimonio nació un hijo, Hipólito, que, a diferencia de su padre, rechazó los placeres del amor. Cuando el matrimonio llegó a su fin, Teseo se casó con la hermana de Ariadna, Fedra. Hipólito, joven y puro, fue castigado por Afrodita por su comportamiento despectivo hacia el amor; la diosa, de hecho, llevó a cabo un plan malvado e hizo que la madrastra de Hipólito se enamorara de él. Fedra, consumida por la vergüenza ante aquel amor imposible, un día no pudo resistir más y reveló su secreto al muchacho que, por supuesto, la repudió. Demasiado avergonzada para seguir viviendo, Fedra se suicidó, no sin antes grabar una carta en una tablilla de arcilla en la que afirmaba que Hipólito había intentado violarla. Teseo, cegado por la ira, condenó a muerte a su inocente hijo.

PERSEO

EL HÉROE PERSEO

Perseo, hijo de Dánae y Zeus, era nieto del rey de Argos, Acrisio. A pesar de sus orígenes nobles, no tuvo la suerte de crecer tranquilamente en el palacio, como debe ser educado un heredero al trono.

A Acrisio le habían predicho que sería asesinado por su nieto y, por esta razón, encerró a su única hija en la mazmorra de palacio para evitar que quedara embarazada. Pero, como sabemos, el rey de los dioses consiguió fecundarla convirtiéndose en una lluvia de oro. Incapaz de creer la descabellada historia, Acrisio pensó que Danae había sobornado a uno de los guardias para que dejara entrar a un hombre en su calabozo. Enfurecido, encerró a su hija junto con su hijo recién nacido en una caja de madera y los arrojó al mar.

El cofre zarandeado por las olas llegó a la isla de Serifos y fue recuperado por un pescador llamado Ditti, que se hizo contar toda la historia por Dánae y acogió a los dos en su casa, criando a Perseo como su propio hijo. El destino quiso que el malvado Polidette, hermano del pescador y tirano de la isla, fuera tan arrogante como para reclamar todo lo que pertenecía a Ditti; así que, cuando vio a la bella Dánae, quiso apoderarse también de ella. Para ello, invitó a todos los isleños a un gran banquete, diciendo que debían traer un caballo como regalo.

Perseo, como no tenía ese animal para regalar, propuso al gobernante que si dejaba en paz a su madre, ella le traería cualquier otra cosa que deseara. Polydette, queriendo utilizar la propuesta como una forma de deshacerse del héroe, exigió la cabeza de Medusa, una de las Gorgonas, tres demonios con alas de oro, manos de bronce y dientes de animal. A diferencia de sus hermanas, Medusa era mortal, pero fue castigada por Atenea porque había osado unirse a Poseidón en uno de los templos de la diosa. Por esta razón, fue convertida en un monstruo por Atenea: su pelo se transformó en serpientes y su mirada petrificaba al instante a cualquiera que se atreviera a mirarla a los ojos.

La hazaña de llevar su cabeza al rey de Serifo era, pues, digna de un héroe; Perseo, aunque audaz, era muy joven y tenía miedo: se presentó en el banquete con su caballo, pero el rey se negó a aceptar el regalo: "¡Prometiste traerme la cabeza de la Gorgona Medusa y hasta que no la tenga, tu madre seguirá siendo mi prisionera! Amargado, Perseo se encontró solo cerca de un promontorio, cuando sintió una presencia detrás de él: "No te desanimes, te enseñaré cómo puedes pasar la prueba". Era Hermes, el mensajero de los dioses, el que conocía los caminos de los vivos y de los muertos. El dios le sugirió que primero se dirigiera a las Graeas, hermanas de las Gorgonas de aspecto decrépito, que le mostrarían el camino hacia las ninfas de las fuentes, las Náyades.

Las Graeas sólo tenían un ojo y un diente de cada tres y, para ver o comer, se turnaban para intercambiarlos: Perseo, ayudado por Hermes y consciente de su importancia, se apoderó rápidamente de ese ojo y ese diente. Las Graeas tuvieron que revelarle la ubicación de las Náyades para que volvieran a tener su diente y su ojo, y así Perseo consiguió llegar hasta las ninfas. Le dieron todas las herramientas mágicas que necesitaba: el calzado alado, el casco de invisibilidad de Hades y una alforja encantada llamada *kibisis*, hecha especialmente para contener la cabeza de Medusa.

Perseo estaba preparado para enfrentarse al monstruo y por eso voló hacia las Gorgonas. Mientras las tres hermanas dormían, Hermes sugirió una estratagema para derrotar a Medusa: no podía mirarla a los ojos, sino que tendría que luchar contra ella mirando su imagen reflejada en el escudo. En ese momento, el dios le dio una guadaña de oro brillante hecha por Hefesto, un arma con la que Perseo consiguió cortar la cabeza de Medusa de un solo golpe. Mientras tanto, las otras dos Gorgonas se habían despertado, pero no podían ver a Perseo, ya que, tras llevarse la cabeza de Medusa, se había hecho invisible con el casco. También se dice que del cuerpo del demonio surgió el caballo alado Pegaso, que llevará a nuestro héroe de vuelta a Grecia.

Antes de llegar a su destino, Perseo alcanzó la región de Hesperia, una tierra lejana gobernada por el titán Atlas. Este último desconfiaba bastante de los forasteros, ya que una profecía decía que su reino sería destruido por un hijo de Zeus. Ajeno a este vaticinio, Perseo le reveló que era de origen divino y, por ello, el titán intentó eliminarlo. La lucha estaba a punto de terminar a favor de Atlas cuando, a la velocidad del rayo, Perseo consiguió abrir su alforja para que la mirada de Medusa petrificara al titán, convirtiéndolo en una montaña.

De vuelta a lomos de Pegaso, en su camino de regreso, Perseo se encontró con una joven atada a un acantilado junto al mar: Andrómeda, hija del rey Cefeo y de Casiopea, se encontraba en esta situación porque su madre se había atrevido arrogantemente a desafiar a las Nereidas a un concurso de belleza. Indignadas por esta ofensa, las ninfas del mar inundaron el país y enviaron un monstruo marino para atormentar a los habitantes. Para salvar a su pueblo, el rey Cefeo consultó un antiguo oráculo, según el cual sólo el sacrificio de Andrómeda pondría fin al desafortunado asunto. Perseo, al conocer la situación, propuso un pacto a Cefeo: salvaría a Andrómeda y mataría al monstruo si, a cambio, le concedía la mano de su hija. Y así fue, Perseo sacó la cabeza de Medusa de la *kibisis*, petrificó al monstruo marino y volvió a casa con Andrómeda.

Una vez en Seriphus, nuestro héroe se presentó ante Polydette, que aún mantenía cautiva a Danae. Sin embargo, el rey, respaldado por su pueblo, apenas podía creer que un joven había conseguido matar a la verdadera Medusa. En ese momento, Perseo se puso delante de la asamblea que reunía a todos los habitantes de Serifos y, ante todas esas miradas hostiles, sacó por tercera vez la cabeza de la Gorgona, convirtiendo a toda la población en piedra, por lo que, desde entonces, Serifos es la ciudad más rocosa de las Cícladas.

Después de haber expulsado a Polidoro para sustituirlo por su padre adoptivo Ditti, Perseo entregó sus sandalias aladas, su alforja y su casco a Hermes y entregó la cabeza de Medusa a Atenea, que, complacida, la colocó en su armadura. Flanqueado por su novia Andrómeda y su madre Dánae, el héroe partió hacia Argos, su ciudad natal.

Acrisio no había olvidado la profecía y, en cuanto se enteró del regreso de Perseo, desapareció en Tesalia, buscando refugio en Larisa. Por supuesto, Perseo no se esforzó por encontrarlo, sino que, tranquilizándolo, le dijo que no le guardaba rencor y que nunca se vengaría de él. Su reconciliación fue sancionada con juegos atléticos; el destino, sin embargo, no alteró lo profetizado: el abuelo iba a morir a manos de su nieto. Durante la competición de disco, Perseo falló un lanzamiento y golpeó a Acrisio, provocando su muerte instantánea. Avergonzado por lo ocurrido, el héroe se negó a ocupar su lugar en el trono de Argos y aceptó, en cambio, reinar sobre Tirinto. Algunos dicen que tuvo un hijo, Perse, del que descendió una línea de hombres valientes, destinados a construir el gran imperio persa.

Sin embargo, la historia de Perseo se cruza con la de otro héroe quizá menos famoso: Belerofonte, el asesino de Beleros. El héroe había matado a un hombre con este nombre y se vio obligado a abandonar su ciudad natal, Corinto. Belerofonte, exiliado, encontró refugio con Preto, el tío de Perseo. Preto tenía una esposa, Antea, que se enamoró de Belerofonte nada más verlo, pero el héroe no quiso pagar con una traición al hombre que le había acogido en su tierra. La mujer entonces, furiosa por haber sido rechazada, le dijo a su marido que el anfitrión había intentado abusar de ella. Sus falsas lágrimas lograron convencer a Preto, que envió a Belerofonte lejos, a la costa de Asia, a su amigo Iobates, rey de Licia. Le entregó al joven una tablilla sellada dirigida al gobernante, en la que se le pedía que matara al héroe en cuanto se presentara ante él. Y así, el amigo de Preto decidió que nuestro héroe luchara contra la Quimera.

Las historias de Belerofonte y Perseo se cruzan en este punto: él también necesitaba un ayudante divino para luchar contra la feroz Quimera. El monstruo era capaz de escupir llamas, con cabeza de león, cuerpo de cabra y cola de serpiente; una criatura absurda -aún hoy, cuando se habla de algo ilógico, se dice que es *sólo una quimera*-. Belerofonte invocó al dios del mar para que le concediera un caballo especial: quería montar a Pegaso y, así, logró vencer a Quimera, quizá disparándole flechas desde lo alto o, tal vez, empuñando el tridente de Poseidón.

Al regresar de la hazaña, Belerofonte tuvo que superar otras dos pruebas relacionadas con las amazonas y los solimios. A su regreso de la expedición, los guerreros más fuertes de Iobates le tendieron una trampa, pero nuestro héroe logró vencerlos. En ese momento, el rey de Licia, lleno de admiración, le mostró la tablilla que había recibido de Preto, por lo que Belerofonte montó su caballo alado y partió hacia Grecia, decidido a vengarse de la mujer que lo había denigrado.

Belerofonte fingió amabilidad y la convenció para que montara en Pegaso. Cuando los dos estaban en lo alto del cielo del Egeo, el héroe la arrojó del caballo, haciendo que se estrellara en la isla de Milos. También Belerofonte cayó de la misma manera: él, en efecto, tenía curiosidad por saber si los dioses existían realmente y cuando cabalgaba hacia el Olimpo, Zeus lo hizo arrojar del caballo, ofendido por semejante intromisión, provocando su ruinosa caída. Pegaso permaneció al servicio de los dioses, mientras que Belerofonte, convertido en cojo y ciego, siguió vagando por el mundo como un mendigo.

LA EXPEDICIÓN DE JASÓN Y LOS ARGONAUTAS

La expedición de los argonautas para conquistar el vellocino de oro comienza con una disputa dinástica que involucra a Jasón. Cuando Pelias, el señor de Iolco, vio llegar a un muchacho con el pie izquierdo desnudo, se dio cuenta de que la profecía se había hecho realidad: Jasón venía a reclamar el reino que le correspondía por derecho hereditario. Pelias no renunciaría a su trono por nada del mundo, por lo que encontró una solución para deshacerse de él. Nuestro héroe tendría que viajar a los confines del mundo, demostrando su valor y coraje, y si traía de vuelta el tesoro guardado en esas lejanas tierras, obtendría el reino que le correspondía. Era una tarea imposible, un verdadero viaje a la muerte.

Pero demos un paso atrás.

Jasón tenía derecho al trono de Iolco porque su padre Esón había sido destituido por Pelias. Los dos, de hecho, eran medio hermanos: el primero es hijo de Creta, el fundador de la ciudad, mientras que el otro es hijo de Poseidón. Sintiéndose más digno que Aesón por ser hijo de un dios, Pelias lo desbancó y se convirtió en el rey de Iolco. Mientras tanto, Aeson esperaba un hijo y, para protegerlo del tirano, fingió que había nacido muerto. Al organizar su funeral, se llevó al recién nacido Jasón y lo confió al cuidado de los centauros, criaturas del conocimiento y capaces de leer las estrellas.

Una vez crecido, el héroe de apenas 20 años quiso recuperar su trono y así, protegido por los dioses, partió hacia Iolco. En la ciudad, el cruel Pelias, atormentado por las pesadillas de la diosa Hera, que quería castigar al rey por una serie de vicisitudes, decidió acudir al oráculo de Apolo en Delfos. La respuesta que recibió le desconcertó mucho: *cuidado con el hombre del pie descalzo.* ¿Quién podría ser el hombre con un solo pie?

Mientras tanto, de camino a casa, Jasón ayudó a una anciana a cruzar el río y, al entrar en la corriente, perdió una sandalia -se dice que la anciana era, en realidad, la diosa Hera disfrazada y que nunca olvidará la generosidad de Jasón.

Cuando llegó a Iolco, todo el pueblo se agolpó a su alrededor: todos admiraban su belleza y nadie sabía quién era. Llamado por la conmoción, Pelias también se precipitó y le preguntó quién era. "Soy Jasón, hijo de Esón y legítimo señor de esta tierra", respondió el apuesto joven. Al ver su pie descalzo, el usurpador comprendió todo, pero no pudo actuar abiertamente, ya que todo el pueblo lo aclamaba. Entonces Pelias comenzó a hablarle del Vellocino de Oro, un precioso tesoro custodiado por un dragón y el rey de una tierra lejana que los propios dioses habían decidido que un intrépido héroe recuperara: sólo Jasón podía aventurarse en tierras tan remotas y recuperar semejante trofeo. Enardecido por la promesa de la aventura, Jasón se pondría en marcha: si recorrer ese camino era la única forma de obtener el trono, entonces lo recorrería.

Por muy valiente que fuera, Jasón no podía llevar a cabo esta hazaña en solitario: necesitaba reclutar una tripulación de héroes y tendría que encontrar la manera de cruzar el mar, ya que ningún hombre, hasta entonces, había navegado. La diosa Atenea mandó construir un barco mágico que se llamó Argo, *el veloz* en griego. Los héroes que participaron en la expedición eran más de cincuenta y se llamaban los argonautas, es decir, los *marineros del Argo*; entre los más importantes estaban Heracles; Orfeo, que con su cítara encantaba a seres animados e inanimados como un flautista de Hamelín; los padres de Aquiles y Áyax, Peleo y Telamón; los hijos del dios Poseidón, Eufemo y Periclimo; los hijos de Hermes, Equión y Hermitus; los hijos de Zeus, los gemelos Cástor y Pólux, y muchos otros.

El barco estaba listo para zarpar, pero no antes de escuchar a la adivina Idmone, que predijo: "Conozco el futuro: sé que volveréis aquí con el vellocino, pero muchos de nosotros, y yo mismo, moriremos en el largo viaje a Asia". Melancólicos, los argonautas se pusieron en marcha y en un instante Grecia desapareció tras ellos. Su primera parada fue la isla de Lemno, un lugar habitado sólo por mujeres debido a una oscura maldición que se cernía sobre ella. En efecto, Afrodita, indignada por el comportamiento de las habitantes de la isla, que se negaban a ofrecerle los debidos honores, las castigó infectándolos con un olor nauseabundo que ahuyentaba a todos los hombres. Asqueados, éstos abandonaron a sus esposas y se liberaron, secuestrando a las muchachas bárbaras que vivían en las costas de Tracia. Entonces, las esposas, a su vez, decidieron castigar a los hombres, exterminándolos a todos y comenzando una verdadera masacre.

Cuando los argonautas desembarcaron en la isla de Lemnos, las mujeres esperaron antes de lanzarse sobre ellos: una vez reunidas, decidieron salir a su encuentro. Jasón no sólo era valiente y lleno de coraje, también era bello, protegido por la diosa Afrodita; nuestro héroe no tuvo que recurrir a las armas porque la reina Hipípila se enamoró perdidamente de él. Toda la flota desconocía lo que había ocurrido en Lemnos y se dejó seducir por la palabrería de la reina, que dijo: "Extranjeros, vivimos aquí solas, abandonadas por nuestros maridos, que se han marchado a Tracia en busca de esposas extranjeras. Si os quedais con nosotras, podemos ofreceros tierra fértil y días felices: así que dejad la playa y entrad en la ciudad". La invitación fue aceptada, y el poder del amor ablandó a las Lemnias: una nueva generación de machos repoblaría la isla. Entre banquetes, bailes y placeres en la cama, los argonautas estaban embriagados por la situación, pero Heracles estaba impaciente por reanudar el viaje e invistió a sus compañeros con su rabia, persuadiéndolos de partir.

A pesar de las protestas de las mujeres, que habían redescubierto la alegría del compañerismo, la nave se hizo de nuevo a la mar y, tras una serie de peripecias, los argonautas perdieron a parte de la tripulación, incluido el rudo Heracles, abandonándolo en la isla de Misia mientras buscaba a su escudero y amante Ila, habiendo bajado éste a buscar un manantial de agua y secuestrado por las ninfas de la fuente, que se habían enamorado perdidamente de él. El viaje se reanudó y los argonautas tuvieron que enfrentarse a las arpías, demonios alados con cuerpo animal y rostro de mujer, cuyo cometido era castigar a Fineas, rey de Tracia, un adivino ciego que se había atrevido a desafiar las leyes de los dioses. Su culpa fue la de revelar el futuro lejano a los hombres y, por ello, fue condenado a que las Arpías le arrebataran la comida de las manos. El rey Fineas, que nunca pudo comer más que unas migajas, parecía un fantasma: vivía abandonado a sí mismo, inmerso en la inmundicia. Pero seguía siendo adivino y, por tanto, sabía que un día alguien vendría a salvarle.

Los argonautas le ayudaron, ahuyentando a las arpías y liberándole de la carga de la maldición. El adivino les dio las gracias y les hizo una advertencia: un terrible peligro les esperaba entre Europa y Asia. Allí, donde los dos continentes se pegan, dos acantilados, llamados Simplegadi, chocan perpetuamente entre sí y aplastan a cualquiera que intente cruzarlos. Por eso, conscientes de la trampa que les esperaba, los argonautas soltaron una paloma antes de cruzar con el barco y supieron aprovechar el momento en que los dos acantilados se alejaban el uno del otro. Una vez superado ese obstáculo, la tripulación vio lugares fabulosos, tierras misteriosas y se enfrentó a nuevos peligros hasta llegar al palacio de Aeta, en Cólquida.

En aquel nebuloso lugar, ayudado por la diosa Hera que aún recordaba su generosidad, Jasón consiguió ganar el Vellocino de Oro rompiendo el corazón de Medea, la bella hija del rey Eetes. Además de ser de una belleza intemporal, Medea era también una hechicera y ayudar a Jasón significaba traicionar la confianza de su padre, pero, como sabemos, cuando el amor manda sólo se puede obedecer.

El rey Eetes desconfiaba de la tripulación y, desde luego, no quería renunciar al vellocino de oro tan fácilmente, por lo que organizó tres pruebas de valor para que Jasón se enfrentara a ellas: "Poseo dos toros de patas de bronce que respiran fuego: tú, Jasón, los enjaezarás y harás profundos surcos en la tierra. Luego, cuando lo hayas arado, sembrarás la tierra con dientes de dragón, y de esas semillas surgirá un ejército: los derribarás uno por uno, segándolos con tu lanza. Finalmente, te enfrentarás al dragón insomne que vigila el Vellocino. Si eres lo suficientemente fuerte y valiente, el Vellocino de Oro será tuyo'.

Medea ayudó al héroe a superar las tres pruebas. Para que pudiera pasar la primera, Medea preparó un ungüento mágico capaz de hacer invulnerable a quien lo untara durante todo un día y se lo dio a Jasón en secreto, para que lo protegiera de las llamas de los toros. Para la segunda prueba, Medea sugirió al héroe una astuta estratagema: Jasón lanzó una piedra en medio del ejército de guerreros, éstos, confundidos e incapaces de entender de dónde venía, se atacaron entre sí, aniquilándose. Para la tercera y última prueba, Medea roció a Jasón con una poción hecha de hierbas soporíferas: el dragón se durmió al olerla, y así Jasón pudo conquistar el Vellocino de Oro.

Eetes, furioso, ya estaba meditando cómo vengarse de los argonautas, mientras Medea se preparaba para sacrificar a su hermano menor, Apsirto, a Poseidón. Pagando ese alto precio, el barco Argo pudo reanudar su rumbo hacia Iolco.

El viaje de vuelta no fue menos peligroso que el de ida: para expiar el sacrificio del niño Apsirto, la ira de Zeus cayó sobre la nave. La única manera de purificarse era realizar un rito de purificación con la hechicera Circe, tía de Medea y hermana de Aeta. Después de expiar su crimen, reanudaron su viaje, que volvió sobre los pasos de Ulises: ellos también se encontraron con las sirenas y cruzaron el estrecho custodiado por Escila y Caribdis, hasta llegar a Iolco. Una fuerte tormenta, o más sencillamente el destino, les hizo extraviarse en territorios desolados frente al Peloponeso, donde tuvieron que cargar con el barco. Esa era la única manera de cruzar el desierto de Libia y llegar finalmente a Iolco.

Algunas versiones narran que, aprovechando la ausencia de Jasón, Pelias mató al sabio Hesón; otras, sin embargo, afirman que éste se suicidó para no morir a manos de Pelias. Otra opción ve a Hesón todavía vivo pero ahora demasiado viejo para vivir: entonces Medea, gracias a sus artes mágicas, preparó un rito que consiguió hacerle rejuvenecer. En cualquier caso, el usurpador Pelias, a pesar de haber recibido el vellocino de oro, se negó a cumplir su promesa y entregar el trono a Jasón. Por ello, las dos meditaron una horrible venganza: prometiendo a las hijas de Pelias que harían rejuvenecer también a su padre, Medea les pidió que cortaran al hombre en pedazos. Convencidas por la hechicera que, tras descuartizar una cabra vieja y sumergirla en un caldero, sacó un corderito, las hijas de Pelias mataron a su padre pero, una vez arrojada su carne al caldero, no ocurrió nada. Esa fue la venganza de Jason.

Tras matar al tirano, el matrimonio abandonó Iolco para dirigirse a Corinto, una ciudad más grande y rica, donde vivieron tranquilamente durante diez años. Entonces ocurrió lo que ocurre incluso en las mejores familias: Jasón estaba impaciente, ansiaba la aventura o quizás ya no soportaba a Medea. Deseoso de ascender al trono y dejar de vivir en la sombra, comenzó a cortejar a la joven hija del rey de Corinto, Creusa.

Hacía tiempo que Medea intuía el interés de su marido por la joven princesa y el día en que Jasón acudió por enésima vez a palacio para pedir la mano de su hija al rey Creonte, Medea ya sabía lo que iba a ocurrir. Los dos estaban casados y la hechicera, con un hechizo, podía observar su forma de hacer el amor en el espejo, como si estuviera allí con ellos. Desgastada por el dolor y sintiéndose abandonada por su marido, Medea dejó escapar amenazas sobre el rey de Corinto y los dos recién casados, palabras amargas que llegaron a oídos de Creonte, quien se dio cuenta de que ella sería el único obstáculo para el matrimonio entre su hija y Jasón. Entonces, asustado, decidió desterrarla, pero se dejó compadecer por la mirada y las súplicas de la hechicera: "Me iré, pero concédeme un favor: déjame quedarme aquí sólo un día más, debo pensar dónde refugiarme y cómo mantener a mis hijos, ten piedad de mí". Gracias a esas palabras, Medea tuvo un día más para tramar su venganza.

Jasón no odiaba a Medea y decidió, por tanto, visitarla, dispuesto a prestarle ayuda económica o moral, pero sólo fue recibido con ira. Con palabras de fuego, Medea lo echó de la casa, incapaz de soportar tanto dolor. Reprendiéndose a sí misma por dejarse llevar por la ira, la hechicera volvió a llamar a Jason y le pidió disculpas por cómo se había comportado. La única petición que le hizo fue que se llevara a sus hijos con ella, para evitarles el exilio. Además, para demostrar que no le guardaba rencor, le envió regalos de boda dirigidos a la joven novia. Se trataba de un vestido púrpura y una corona dorada que la princesa no podía esperar a ponerse.

Por supuesto, los dos regalos estaban embrujados: una vez puestos, Creusa se paralizó y cayó al suelo, con espasmos de dolor. El vestido comenzó a devorar su carne, mientras que la corona se incendió, ardiendo en su cabello. Quitarlo era imposible: la magia lo unía a su piel y poco quedaba de su belleza. Llamado por aquellos gritos inhumanos, el padre se precipitó a la habitación, se arrojó sobre el cuerpo destrozado de su hija y, tratando de reanimarla, se encontró pegado a la túnica maldita y acabó siendo devorado por el fuego junto con su hija.

Cuando Medea se enteró de que su rival había muerto, pasó a la segunda parte del plan: antes de partir hacia Atenas, donde pasaría el resto de su vida, debía matar a sus propios hijos, para dejar a Jasón solo para siempre. No volvería a ver a sus hijos, ni tendría más de su joven novia, que había muerto de forma horrible. Esta fue la venganza de Medea, una figura que ha estado detrás de cada madre infanticida desde entonces.

Se dice que Jasón, dejado solo y abandonado incluso por los dioses por haber traicionado su promesa de amor eterno hecha a Medea, acabó con su vida de la forma más insultante: estaba durmiendo junto al naufragio de la nave Argo, cuando un trozo de madera, ahora podrido, cayó sobre su cabeza. Murió, sin siquiera darse cuenta.

Por primera vez en la epopeya, surge un héroe que no muestra cómo *debería ser* el hombre, sino cómo es en realidad: Jasón, proyectado en un mundo mucho más grande que él, es un personaje contradictorio. Es realmente un guerrero, pero no tiene habilidades heroicas, es encantador pero esconde un alma vacilante y frágil. Esta discrepancia lo reduce a una condición de pasividad: todos los escollos que caracterizan la misión de conquistar el Vellocino de Oro serán superados gracias a los dioses, al destino o a sus compañeros de viaje. Por lo tanto, Jasón está completamente dominado por el destino y se define como el héroe inepto por excelencia.

ILÍADA

Los poemas épicos más importantes de toda la mitología griega son, sin duda, la Ilíada y la Odisea de Homero: merecerían un libro entero por derecho propio, pero a lo largo de estos dos últimos capítulos resumiremos su argumento en unas pocas líneas y analizaremos tanto los episodios clave como los conceptos relacionados con los personajes y la propia historia.

La Ilíada narra la conquista de la ciudad de Troya por los aqueos. Toda la historia tiene su origen en el Olimpo, donde la diosa de la discordia, Eris, apareció en la boda de Tetis y Peleo con una manzana de oro, la famosa *manzana de la discordia*. Ese fruto estaba destinado a la diosa más bella y, así, surgió una disputa entre Afrodita, Hera y Atenea. Al no saber a quién elegir, las tres diosas decidieron que la decisión recayera en uno de los hijos del rey troyano, Paris. Para conseguir el favor, las tres diosas hicieron solemnes promesas al príncipe troyano: Hera prometió riqueza y poder, Atenea prometió sabiduría e invulnerabilidad en la batalla, Afrodita prometió el amor de la mujer más bella del mundo. Mostró su preferencia por la bella diosa del amor que, como había prometido, enamoró a Helena, la esposa del rey de Esparta, Menelao.

En secreto, Paris raptó a la bella Helena y cuando Menelao se dio cuenta de que había desaparecido, decidió hacer la guerra a la ciudad de Troya, flanqueado por Agamenón, su hermano y rey de Micenas.

El ejército estaba listo para zarpar hacia la ciudad de Troya, pero faltaban en la lista Odiseo y Aquiles, los dos líderes: El primero, al tener su futuro predicho, descubrió que no volvería a su patria en los próximos veinte años y, por ello, fingió estar loco, pero su engaño fue pronto descubierto; el segundo, en cambio, hijo de la nereida Tetis y del mortal Peleo, a pesar de haberse sumergido en el río Estigia para convertirse en inmortal, fue mantenido oculto por su madre que no quería que participara en la guerra porque sabía que moriría allí. A pesar de los esfuerzos de Tetis, Aquiles fue encontrado por Odiseo y participó en la guerra en busca de fama, gloria y honor. Nuestros dos héroes eran reacios: no querían luchar, tenían miedo a pesar del orgullo y la crueldad que mostraban en el campo. La Ilíada, por tanto, pinta una humanidad apasionada y dolorida que busca su propio camino a pesar de un destino ya sellado. Aquiles, en efecto, *lucha sabiendo que debe morir* y esta conciencia le hace ser audaz en la batalla, deseoso de ser recordado para siempre: ésta era la única inmortalidad posible.

El conflicto duró diez años y tuvo graves pérdidas en ambos bandos: una de ellas fue la de Patroclo, el mejor amigo o primo de Aquiles, según algunas versiones incluso amante, que se atrevió a desafiar a Héctor, hermano de Paris. Aquiles discutió con Agamenón por la custodia de Briseida, una prisionera de guerra de la que el héroe se había enamorado, y decidió no volver a entrar en combate. Patroclo, entonces, consciente de la importancia de la presencia de su primo para la moral del ejército aqueo, se puso su armadura y pereció en el desafío contra el héroe troyano. La furia impía de Aquiles, famoso por ser el héroe que encarna la fuerza, el coraje y la tenacidad del odio, consiguió hacerle ganar a Héctor, que murió de forma espantosa. Su cuerpo será desfigurado, mutilado y ofendido: Aquiles lo atará a su carro y lo arrastrará por las murallas de Troya, decidido a no enterrarlo sino a dejarlo expuesto a los perros y a los buitres. Su ira sólo se apaciguará cuando Príamo, como padre desconsolado, acuda a su tienda en mitad de la noche, desarmado y solo, y le ruegue que le entregue a su hijo para darle una sepultura digna, consiguiendo así conmover al héroe aqueo.

Sin embargo, Aquiles no asistirá a la conquista de la ciudad porque será asesinado por Paris que, vengando a su hermano, le alcanzará en su único punto débil con una flecha: Tetis, cuando lo hizo inmortal, tuvo que sujetarlo por el talón para que quedara *casi* completamente sumergido en las aguas mágicas del río.

Los valores que se ensalzan en la Ilíada son el heroísmo y el valor militar: aunque sólo cuenta una parte de la historia de la guerra de Troya -el poema termina con el solemne funeral de Héctor y no con la conquista de la ciudad-, el tema principal es la ira de Aquiles, un héroe que pierde completamente la cabeza ante el duelo de uno de sus seres más queridos. Él, cegado por la rabia y a la vez decidido a conquistar la gloria eterna porque siempre tenía que sobresalir y ser el mejor, como había aprendido de sus padres, representa también la pasión.

ODISEA

Por un lado tenemos a Aquiles, condenado a muerte y en busca de la gloria, mientras que por otro lado tenemos a Ulises, que con su astucia e inteligencia consiguió conquistar la ciudad de Troya. De hecho, ideó una estratagema que permitió al ejército griego realizar la hazaña: un enorme caballo de madera, en el que se escondían los aqueos, fue confundido con una ofrenda de paz y llevado al interior de las infranqueables murallas de Troya. Por la noche, los guerreros salían del vientre del animal y asaltaban la ciudad, conquistándola.

Ulises, como ya sabía, tuvo que esperar otros diez años para volver a la isla de Ítaca, donde le esperaban Penélope y su hijo Telémaco. En el camino de vuelta, el héroe se perdió varias veces y tuvo que luchar contra numerosas criaturas como el cíclope Polifemo, Escila con cien cabezas que, en el estrecho de Mesina, solía destruir todos los barcos que se atrevían a cruzarlo, las sirenas con sus cantos de muerte, la hechicera Circe que convertía a los hombres en cerdos. Ulises incluso tuvo que escapar del amor de Calipso, una ninfa que quería retenerlo sólo para ella y hacerlo inmortal. El deseo de volver a casa era tan fuerte que nadie podía detenerlo: el héroe griego, tras un sinfín de sufrimientos, consiguió desembarcar en Ítaca solo, ya que había perdido a todos sus compañeros de viaje.

Una vez de vuelta a casa, las vicisitudes no habían terminado: Ulises tendrá que enfrentarse a los príncipes que querían sustituirle casándose con Penélope que, tras veinte años de ausencia de su marido, se consideraba ahora viuda, pero estaba decidida a seguir siendo fiel. Naturalmente, nuestro héroe conseguirá matar a todos los pretendientes con la ayuda de Telémaco y de los pocos sirvientes fieles que quedan. Una vez terminada la matanza, Odiseo ordenó a su nodriza Euriclea que despertara a Penélope que, incrédula, seguía dudando del regreso de su marido. Ella, de hecho, creía que la masacre se debía a un dios, enfadado por el comportamiento de los pretendientes. Al enfrentarse a Ulises -había pasado veinte años desde la última vez que lo vio- no lo reconoció y mantuvo una actitud distante y desconfiada.

Después de un baño que le hizo más guapo, Ulises demostró su identidad a Penélope, una oportunidad que ella había estado esperando desde que se reencontró con él. Su esposa se dio cuenta de que estaba mirando a Ulises cuando le contó cómo había hecho su lecho matrimonial, tallando un pesado tronco de olivo, cubriéndolo con metales preciosos y construyendo su dormitorio alrededor de él. Abrazándolo con fuerza, Penélope le susurró: "No te enfades conmigo, tú que eres el más sabio de los hombres. Mi alma dentro de mi pecho temblaba de que alguien viniera a engañarme con chismes [...] Pero ahora la señal segura que me has dicho de nuestro lecho que nadie ha visto, sino sólo tú y yo". Al oír estas palabras, Ulises se conmovió y, llorando, estrechó aún más a su fiel esposa contra su corazón.

Con el reconocimiento y las efusiones entre los dos esposos reunidos, concluye la trama principal del poema y sólo siguen los últimos detalles que quedaron inconclusos: el reencuentro con el padre Laertes y los familiares de los pretendientes asesinados, para que el reinado de Ulises se reanude en un ambiente de serenidad.

Los valores que afloran en la Odisea son el espíritu de aventura, la sed de conocimiento y experiencia, las habilidades derivadas del razonamiento y la inteligencia; pero no sólo eso: también encontramos la nostalgia de la patria y el sentido de la familia. La visión de este poema épico es más humana que la de la Ilíada, vinculada al heroísmo guerrero.

El leitmotiv de todo el poema es el tema del viaje y el regreso a casa: aún hoy, para indicar una larga serie de vicisitudes que hemos afrontado para llegar al destino elegido, decimos Odisea. Sin embargo, la reconocida astucia de Odiseo en este poema fracasa desde el principio, cuando profana el caballo, símbolo de Poseidón, para conquistar la ciudad de Troya mediante el engaño, cuando se niega a hacer un sacrificio al dios en su regreso a casa, reduciendo los sacrificios a una mera superstición, y, finalmente, cuando ciega a Polifemo, un hijo de Poseidón. Como acabamos de relatar, el dios del mar, por supuesto, le hizo pagar muy caro todas esas ofensas, haciéndole vagar durante diez largos años a bordo de un barco.

BIBLIOGRAFÍA

Ieranò G., *Eroi. Le grandi saghe della mitologia greca*, Venecia, Sonzogno di Marsilio Editori, 2019.

Kerényi K., *Los dioses y héroes de Grecia. La historia del mito, el nacimiento de la civilización*, Milán, Il Saggiatore, 2009.

Mariotti A., Sclafani M. C., Stancanelli A., *Nuovo libro rosso. Antología de escritores italianos y extranjeros*, Florencia, D'Anna, 2000.

Acerca de Historia Magistra

Historia Magistra nació con un objetivo preciso: acoger a escritores capaces de transportar a los lectores a épocas y culturas lejanas, haciéndoles sumergirse en las aventuras de mitos, leyendas y hazañas de personajes extraordinarios del mundo antiguo.

Desde los antiguos griegos hasta los lejanos pueblos asiáticos del Sol Naciente, cada civilización tiene un pasado mítico que contar, capaz de hacernos soñar. A través de sus ideologías, similitudes y filosofías, los pueblos antiguos siguen siendo capaces de revelar tanto sobre nuestra identidad como seres humanos.

En Historia Magistra nos esforzamos con nuestros contenidos por difundir el mensaje de que la mitología, si se cuenta de forma inteligente y atractiva, no sólo puede proporcionarnos horas de entretenimiento, sino también impartirnos valiosas lecciones de vida que son fundamentales y aplicables a nuestra vida cotidiana.

Lo que esperamos de nuestros lectores es que puedan sentirse transportados y conmovidos por los mismos relatos que han aterrorizado, inspirado y empoderado a pueblos enteros a lo largo de la historia.